妈妈的情绪，决定孩子的未来

融智 编著

吉林文史出版社
JILINWENSHICHUBANSHE

前言

你可以不是天才，但你可以成为天才的母亲

法国哲学家、教育家爱尔维修说过：“即使是普通的孩子，只要教育得法，也会成为不平凡的人。”纵观人类历史，生来就禀赋超群的孩子屈指可数，然而被认为是天才的人并不乏见。这些天才都是优质教育的结果。

爱因斯坦不仅不是神童，而且小的时候还是一个看上去很笨的孩子。他三岁多还不会讲话，直到九岁时讲话还不是很通畅，而且爱因斯坦从小就不活泼，在念小学时，成绩很一般。由于他举止缓慢，不爱同人交往，老师和同学都不喜欢他。教他希腊文和拉丁文的老师对他更是厌恶，曾经公开骂他：“爱因斯坦，你长大后肯定不会成器。”而且因为怕他在课堂上会影响其他学生，竟想把他赶出校门。但是他的母亲十分自信地认为：“我的小爱因斯坦并不傻，他将来一定是位了不起的大学教授！”虽然爱因斯坦在学校受到了歧视，但是在生活中妈妈孜孜不倦地对他进行培养，她不仅开发爱因斯坦的智能，还教孩子学习音乐，让爱因斯坦的潜能得到了充分的开发，为他之后的巨大成就打下了基础。

爱因斯坦最终成为世界上最伟大的物理学家。他成功的例子是“天才取决于后天培养”的最佳证明。而妈妈是孩子的第一任，也是最重要的老师，妈妈的教育方法得当在很大程度上决定了天才的产生。只要妈妈教育得当，就可能把孩子培养成为天才。

所以，妈妈可以不是天才，但是可以成为天才的母亲。

创造出“天才教育法”的塞德兹博士说：“幼儿就像烧陶瓷用的黏土一样，教育得当与否，教育的效果如何，决定其成就的大小！小孩只要从小获得得当的教育，就可以成为音乐家、画家、诗人、学者，等等。”

因此，要想培养出天才，妈妈就要从孩子小时候起对其进行合理的培养。那孩子多小开始教育最好呢？什么又是最好的教育孩子的方法呢？

至于什么是最好的教育方法，适合孩子的当然就是最好的。本书收集、总结并反思出包括如何开发孩子的智力、如何让孩子喜欢上学习、如何培养孩子的良好学习习惯、品格教育、生命教育、理财教育、情商教育、挫折教育、赏识教育等各个方面的教育方法和理念，内容全面，集实用性和理论性于一体，一定能够帮助妈妈们找到更适合孩子的教育方法，从而帮助孩子更加顺利有效地学习成长。

相信本书全面的养育教育知识方法能够对妈妈们有所帮助，我们期望妈妈们养育出更多更快乐的孩子，培养出更多更聪明的天才！

目录

第六章 智慧妈妈顺利开启孩子 EQ 之门

第七章 孩子的成长需要积极的期望

第八章 拒绝打骂，为孩子的成长创造快乐天空

第九章 妈妈不能忽视的小事儿

第一章

洞察溺爱的心理真相

越多的爱并不意味着对孩子越有益，通过牺牲自我来满足孩子的需要也不能说明母爱的伟大，给孩子爱之前，洞察一下自己的心理真相，也许你会发现，自己并没有那么伟大，你的爱也没有真正滋养到孩子。

溺爱的心理真相不是牺牲自己，而是宠爱自己

一个已经在上高中的学生，还要他的妈妈为他去拉抽水马桶，不是不会拉，而是每次都懒得动手，后来，他去了美国。他从那里回信说：由于妈妈“多管闲事”，几乎毁了他的前程。

一位已经上了大学的女孩子，喜欢吃鱼，但不“喜欢”挑鱼刺儿。据说她妈妈“喜欢”挑鱼刺儿，而“不喜欢”吃鱼。于是母女多年来就成了理想的“搭档”。后来，她到了一个盛产鱼的国度。她从那里回信说，正是妈妈的“喜欢”帮助，几乎剥夺了她维生的“技术”。

一般人富贵了想到的是封妻荫子，给子孙留下一笔可观的财富，自己享受了一辈子，也让子孙享受一辈子或者半辈子。但是，我们从历史上看，很多人虽然留了很多财富，子孙都不会享受一辈子的。名门之后，还想高人一等，结果连普通人都不如，享受少而受苦多，有出息的更少。在东南亚的华侨，有很多人发了大财，但是传到第二代，就破产了。

溺爱，对孩子和妈妈来说，不是幸福而是灾难。因为溺爱，不知多少青少年失去正常的生活能力和人格魅力；不知多少妈妈为宠爱出孽子而痛心疾首。溺爱是毁灭性的教育方式，相信大多数妈妈已经从无数的前车之鉴中认识到这一点，但是，还是有那么多妈妈控制不了自己的溺爱行为，甚至那些通情达理的高素质知识分子，一面对楚楚可怜的孩子也不禁变成疯狂灌输爱的妈妈。这是为什么呢？母爱真是如此伟大吗？

其实，溺爱不仅仅出于妈妈本能的母爱，还出于妈妈对自己的宠爱。

每个人内心中都藏着两个“我”。一个是“内在的父母”，即我们现实中的父母角色与理想中的父母角色的内化，当我们为人父母时，这个“我”也就是我们自己；另一个是“内在的小孩”，即我们对自己童年体验的记忆和自己理想童年的内化。

溺爱最重要的也是最不容易被人发现的原因，就是妈妈将“内在的小孩”投射到现实中的孩子身上。她把现在的孩子，当作自己，按照自己潜意识里的意愿给孩子爱，她根本看不到孩子的成长需求，而是将孩子当成自己的另一个“我”，给予过度满足。例如，那些从小生活贫困的妈妈，就会在物质上大量满足孩子，因为她潜意识里极端排斥贫苦的日子，她给孩子大量的物质，其实是在满足自己“内在的小孩”的物欲。所以，妈妈无节制地给予孩子爱，其实是在无节制地满足自己的欲望。溺爱表面上是牺牲自己满足孩子的需要，其心理真相却是宠爱自己。

每个妈妈都应该反思一下自己对孩子的爱，你是不是在按照自己的想法爱孩子，你是不是希望有一个和孩子一样的童年呢？如果是，请注意了，你也许正在有意或无意中溺爱孩子。

在溺爱中成长的孩子会有很多缺陷，比如，他喜欢追随别人、求助别人、人云亦云，在家中依赖父母，日后在外面宁愿依赖同事、依赖上司，也不愿自己创造，不敢表现自己，害怕独立，又或者他喜欢做一个“小霸王”，自私自利，不尊重父母兄弟姐妹，脾气暴躁，性格极端。这些都意味着他的人格还没有趋于成熟和健全。溺爱对孩子的负面影响可见一斑。

对孩子真正的爱其实是一种理智的爱。比如，当和孩子一起外出游玩，孩子发现了很多精美的玩具、美味的糖果、漂亮的衣服……妈妈可以买，但一定要有节制，让孩子明白，不是所有的东西，妈妈都必须无条件给予他。或者在某些特定的情况下，满足孩子某些特别的愿望。关键在于，在这种时候，你要让孩子知道，这是因为有特别的原因所以你才会这么做的。

理智的爱还表现在针对孩子不同的阶段，采取不同的爱的方式，比如在 0 ~ 2 岁，要给予孩子无条件的爱，让他在这种爱的环境中得到生命最初的安全感。到了 2 ~ 4 岁，孩子开始自主探索世界与自己，这时，最明智的爱是尊重孩子的自主探索，使他的自我意识得到强化，这样，当他步入青春期后，他会发现他已经能够独立地处理很多成长的问题，化解很多生活中的困惑。

小测试：看看溺爱孩子的程度

这个测试针对6～12岁孩子的妈妈，请根据孩子的真实状况选择偏高、一般、偏低三个选项。偏高得2分，一般得1分，偏低得0分。答完24题之后，累计总得分。

1. 会自己整理书包，准备上学用具。
2. 受到挫折的时候，不会向父母发泄。
3. 看到某些想要的东西，如果父母不给买，就会放弃得到。
4. 在找人借东西之前，都会向物主说一声。
5. 遇到什么困难都不会抱怨别人，并且希望下次做得更好。
6. 会关心其他的家庭成员。
7. 愿意与客人分享自己的食品和玩具。
8. 无论是看电视的时间，还是上床睡觉的时间，都有规律可循。
9. 需要做决定时，知道自己要什么，不会不知所措。
10. 做家务劳动的时候尽职尽责。
11. 能够清楚地表达自己的想法。
12. 遇到问题首先会想到自己解决，不会马上让父母协助。
13. 见到别人会很自然地打招呼。
14. 善于反省自己的问题。
15. 不会乱发脾气，生气有原因。
16. 能够欣赏别人的优点，而不是嫉妒。
17. 对父母的付出懂得感谢。
18. 家里家外一个样。

19. 能合理地支配自己的零用钱。

20. 总是喜欢自己、欣赏自己，对自己很有信心。

21. 容易亲近，善于与人合作。

22. 喜欢动手帮忙做家事，不懒散。

23. 在环境及外部条件恶劣的情况下，依然做好自己该做的事。

24. 不会和人比较物质条件。

测试结果：

37 分以上：你不是特别宠爱孩子，你的孩子已具备很好的社会化能力，能应付这个繁杂的社会。

36～25 分：你有一点宠爱孩子，现在你要帮助他建立较欠缺的与人交往的能力。

24～12 分：你很宠爱孩子，有时过度保护，有时又太放任，这样会阻碍他发展相关能力的意愿与标准。

11 分以下：你已经过度宠爱孩子，阻碍了他很多能力的培养，不可以再宠他了。

慈母让孩子无限扩张，严母让孩子无限萎缩

去年，某富家公子飙车撞死青年才俊的事件，格外令人关注，这场车祸很快演变成一场公共社会事件。因为这起事件显示出当代家庭教育的重大问题——家长的溺爱放纵造成孩子的自私放肆，这个问题尤以富二代为甚。

富家公子在市区飙车，撞人后若无其事，竟没有一点负罪感。而出事后肇事者的妈妈居然不是报警救人，而是赶紧打电

话找关系。在死者的追悼会上，肇事者的妈妈第一时间跪在灵前，连声说对不起。原本一直哭泣的死者妈妈，一反常态地平静，对着肇事者妈妈说："我不会打你，我就是想跟你说我养大这个儿子有多么不容易，我摆过早餐摊……什么都干过，好不容易养大了，成才了……"

事件中的两位妈妈，一位摆早餐摊养家糊口，培养出了懂事、上进、孝顺的青年才俊；另一位一掷千金，给儿子买跑车如买玩具，结果儿子不仅自我，还视他人的生命如草芥。

这个事件印证了韩非的名言："慈母有败子。"慈母之所以败子，就在于放任孩子，致使最后不可收拾。妈妈对孩子过分慈爱，子女就不会成器。诚然，疼爱子女是妈妈的天性，也是应尽的责任，但疼爱总要有个"度"。眼下，生活水平提高了，给孩子提供良好的生活学习条件，也在情理之中。但切不可好过了头，爱过了火，否则不仅实现不了盼子成龙、盼女成凤的美好愿望，反而有可能种下苦果，甚至恶果。

法国教育家卢梭说："你知道运用什么方法，一定可以使你的孩子成为不幸的人吗？这个方法就是对他百依百顺。"所以，真正伟大的母爱，应是有尺度有方法的理性的爱，以孩子人格的健全发展为前提，以孩子独立能力的形成作为目的。如果妈妈真正爱孩子，就不要无原则地爱孩子，这样的爱就是溺爱，在溺爱的环境里，妈妈的娇惯和纵容使孩子滋生了唯我独尊的心理，包围孩子的是一片表扬、赞叹，孩子就会变得过分要强，就像温室里的花朵经不起一丝风雨，稍遇点挫折就变得萎靡不振，消沉慵懒，做事没有劲头。

过度慈爱会败子，而过度严厉也会毁子。慈母败子的错处在于让孩子自我无限的扩张，而严母毁子的错处在于让孩子自我无限的萎缩。

有一个小学四年级的学生，是班里的学习委员，酷爱学习，是老师心目中的“尖子生”。但妈妈对她的期望过高、要求过严，她要求女儿每门功课必须在98分以上，有时考了95分，虽然在班里名列前茅，但妈妈仍不满意，对她严厉批评。在妈妈的严厉管教下，孩子的心理压力很大，学习丝毫不敢怠慢。渐渐地，她感到力不从心、疲惫不堪，学习成绩明显下降，对学习也产生了厌倦，开始喜欢上了逃课，当老师找到她时，她蜷缩在路边，十分恐惧，并且哀求老师不要把她送回家去，他害怕回家面对严厉的妈妈。

妈妈对孩子提出比较高的、比较严格的要求是必要的，但应当把握好“度”。如果期望过高，就会适得其反，这时孩子会觉得自己无论怎样努力也达不到妈妈的要求，无论怎样努力都是失败，渐渐地就会失去信心，对自己的能力产生了怀疑，进而把学习当成一个可怕的、痛苦的事情，厌学情绪也会油然而生；极端的孩子干脆来个“死猪不怕开水烫”，反正达不到要求，索性放弃！

每位孩子的心理素质和学习能力是不同的，妈妈应当根据孩子的实际能力和水平，提出适当的要求。另外，妈妈应当认识到，考试分数充其量不过是关于孩子学习质量的一种不十分精确的信息，并不能完全反映孩子的学习全貌，没有必要把分数看得太重。还应该认识到，孩子的成功与否并不是最重要的，快快乐乐地成长、幸幸福福地生活才是生命的真谛。

妈妈过于严厉，不仅对孩子的身心发展有危害，还会对孩子的价值观进行腐蚀。如果妈妈对孩子管教过于严苛，对孩子没有耐心，甚至暴怒、动辄体罚，就会适得其反。孩子在这样的环境下长大潜意识中就会把暴力植入自己的大脑，以为这就是解决问题的方法，久而久之就养成了崇尚武力解决一切的习惯，严重阻碍孩子的健康发展。

总之，"慈母败子""严母毁子"，妈妈一定要慎重对待给孩子的爱，把握好爱的"度"，才能发挥好爱的作用。

"非爱行为"是伤人的爱

上海的一项调查显示：上海有 24.39% 的中小学生曾有一闪而过的自杀想法，5.85% 的孩子曾计划自杀。无独有偶，浙江健康教育所对浙江全省中小学生的调查显示：13.3% 的学生曾认真考虑或计划自杀，4.9% 的人尝试过自杀，34.2% 的学生曾考虑离家出走。俗话说"少年不知愁滋味"。然而，这些孩子的"愁"是从哪里来的呢？

我们常听见妈妈对孩子说，"我为了你的学习花了那么多钱，你怎么还有时间踢球，而不把学习搞好""你不能一个人出去，外面很乱很危险""你快去看书，衣服我来洗"，等等。这些听起来全都是“爱”的语言，实际上只是以爱的名义对孩子进行一种强制性的控制，让孩子按大人的意愿做，这给孩子带来了极大的心理压力和精神伤害，妈妈的“爱”也就成为孩子“愁”的重要来源之一。

妈妈都是爱孩子的，但妈妈的行为并不都是爱孩子的，在做出这些行为的时候，妈妈仍然认为自己这么做是为了爱孩子。这些行为就被称为“非爱行为”。在心理学上，“非爱行为”是指以爱的名义，对最亲近的人进行一种非爱掠夺。“非爱行为”主要有以下几类：

一是带附加条件的爱。“听话！妈妈只喜欢听话的孩子！不听话我就不要你了！”“你学习成绩好才是好孩子，妈妈才会爱你！”“妈妈养大你这么不容易，你一定要好好争气，不然我就不再爱你了。”相信很多孩子从小就听过这些话，妈妈总是用这样的威胁来训导孩子，这些就是有条件的爱。当妈妈说出这句话时，或者心里有这种想法时，就证明妈妈对孩子的爱是有条件的。这样的条件存在于如下的潜台词中：你必须服从我、遵照我的指令去做、按照我的设计去成长，否则我就不爱你。乖乖地听话、取得好成绩、考上好学校、给妈妈挣得脸面和荣耀……不满足这些条件，妈妈就不爱你，甚至将你逐出家门。

二是没有原则的爱。妈妈无原则地满足孩子的一切要求，孩子要什么给什么，想怎么着就怎么着。孩子闯了祸由妈妈担当着、挨了欺负由妈妈出面摆平、丢掉工作回家来让妈妈养着。表面上看，妈妈“爱”孩子爱过了头，舍不得孩子动手、怕孩子累着、担心孩子吃亏、不愿意孩子受委屈，宁肯自己受罪受累、吃苦牺牲，也不能“亏待”孩子。很多人把这种感情当作一种富有牺牲精神的值得称赞的“爱”，其实这是一种非常严重的毒害。这种“爱”，远非无私，而是极端自私。深深隐藏在“爱”的旗号背后的，是施“爱”者对受“爱”者强烈的控制欲望。

三是依赖性的爱。孩子是妈妈的“精神寄托”甚或“支柱”，孩子万一有个闪失，妈妈就活不下去。妈妈甚至明确告诉孩子：“我就是为你活着！你可不能让我伤心、失望，那样会杀了我的！”人们通常将这样的依赖误认为爱，这不仅不是爱，而且是对孩子无言的束缚和伤害。

四是永远无法满足的爱。孩子考试得了98分，妈妈说怎么没得100分？孩子当上了三好生，妈妈说你为什么没有当班干部？孩子学会了弹钢琴，妈妈说什么时候才能考过八级？孩子参加学校体育比赛获奖，妈妈说四肢发达、头脑简单有什么用？孩子唱歌唱得很好，妈妈说你别想着能够成为歌手，赶紧好好学习，考试得第一实际点儿！总之，妈妈的期望像一只黑洞，无论孩子怎样奋斗，都无法满足。妈妈永远没有好脸色，孩子的努力永远不够。

五是牺牲者讨债的爱——“就是为了养你，我耽误了事业，没评上职称，你拖了我的后腿！可你还是这么不争气！”“你让我操碎了心！我身体这么不好，都是让你给气的！”这些妈妈把自己放在一个“烈士”的位置上，整天唠叨自己为了孩子“牺牲”了什么，抱怨孩子没有偿还这些“债务”，还动不动就被孩子“气”病了。其实，生育子女是妈妈自由的选择，养育子女是妈妈应尽的职责，为了子女而放弃一些事情也是妈妈自由的选择，妈妈应该为自己的选择负责，而不是把责任推到孩子身上。

这些“非爱行为”或多或少都会出现在每一个妈妈身上，很难完全避免，但是却可以通过妈妈的认识和反省来减少。如果妈妈不反省自己的“非爱行为”对孩子的伤害的话，那就是妈妈的失职，也是孩子的悲哀。

与孩子保持适当距离，也是对孩子的爱

英国心理学女博士克莱尔说：“世界上的所有的爱都是以聚合为最终目的，只有一种爱是以分离为目的，那就是父母对子女的爱。所以父母真正成功的爱，就是越早让孩子作为一个独立的个体从你的生命中分离出去，你的教育就越成功。”

距离和独立是一种人格的尊重，这种尊重在最亲近的人中间也该保有。所以，妈妈与孩子之间也需要距离来润滑和调节。

一位精力充沛的德国父亲常常在孩子伯尔面前提到中国，后来，伯尔真的来到中国，研究中国历史和文化。伯尔非常感谢父亲的教育，他也想让孩子们充满好奇心，每个月都会带着孩子们去爬山。

来到中国后，伯尔也经常爬山，而且常常能看到中国父母带着孩子爬山。但他的爬山方式和中国父母是完全不同的，中国父母大多是手牵手地领着孩子，要么抱着孩子，而带6岁的儿子、

4 岁的女儿去爬山时，伯尔总是走在最前面，大步流星，就像和孩子比赛一样。

儿女自然没有他爬得快，被远远地落在后面。

也许你会担心：孩子摔下山去怎么办？孩子磕碰了怎么办？孩子走丢了怎么办？世界上所有的母亲都是一样的，伯尔的妻子也会担心这些问题。

所以，最初爬山时，她走得很慢，为的是和孩子做伴。伯尔不同意她的做法，讨论几次之后，伯尔说，如果妻子要和孩子待在一起，就干脆留在家里，不要去了。

由于伯尔的坚持，最后，妻子同意了。之后爬山，妻子虽然仍频繁地往后看，但始终和伯尔走在前面。

其实，伯尔也在偷偷地回头观察孩子们的一举一动，只不过尽量不让他们发现而已。

伯尔这样做，就是要孩子独立、坚强，学会自己面对外面的世界。老鹰教小鹰飞翔，它不会等小鹰“翅膀硬了”才开始，而是叼着还很孱弱的小鹰飞到高空，松口让小鹰掉下山崖。如果小鹰自己不努力挥动翅膀，就会摔死。千百年来，鹰族一直保持着这种冷酷的训练方式，事实证明，这样的“教育”对小鹰的成长是极为有利的。

伯尔在行动上与孩子们保持距离，让孩子们看到目标，找到前进的方向；而老鹰则在情感上保持与孩子的距离，让它们身陷危境，必须学会寻求自保。这两种距离，都是在告诉妈妈，保持距离是让孩子成长的必需步骤。妈妈对孩子的爱没有尽头，如果把所有的爱都表现在为孩子做事情上，孩子确实得到了眼前的舒适，却失去了学习、进步的机会。

社会千变万化，只有强者才能适应各种环境，临危不乱、应对自如。要让孩子成为强者，首先从大步流星地将孩子落在身后开始吧！要相信他可以长成一个落落大方的孩子；其次，放开手脚让孩子独立地成长，让他面对差距和困难，找到自己的努力方向。

妈妈要记住，距离和独立是一种对人格的尊重，这种尊重即使在最亲近的人中间也应该保有。稍微留一点分寸，得到的往往是海阔天空！一旦没有了这种距离、这种尊重，越过了这个尺度就会产生隐患，离疏远甚至崩溃就不远了。因此，妈妈要抱着平等和理性的态度去尊重孩子，母子之间留一点分寸，有一点余地。这才是对孩子真正的爱。

给孩子心理预期，帮助他们接受困难的事情

孩子在成长过程中，总会遇到不少让他们觉得困难和惧怕的事，比如打针，也许现在已经升级做妈妈的人还会对自己小时候那种恐惧打针的感觉记忆犹新，所以，如何给孩子一个合适的心理预期，帮助孩子克服恐惧的心理，接受他们认为很可怕的事情是妈妈的职责。

当孩子觉得做某件事有困难时，妈妈千万不能以自己的心态去衡量孩子的感受。而应该从孩子的角度出发，从培养孩子

勇敢、忍耐和克服困难的角度出发，让他平静地接受。

儿童乐园里有一种轨道小火车，一次，一个3岁左右的小朋友看到围着轨道跑的小火车跃跃欲试，当小火车停到他面前时，他刚准备上车，他妈妈在旁边问："有安全带吗?"当得到否定的答复时，妈妈又问："这多不安全呀！能不能掉下来?"（其实小火车速度是很慢的）。孩子可能是第一次坐，看起来神情有些紧张，他妈妈一直跟着他问："怎么样，害怕吗?""火车快不快，怕不怕?"在她问了多次以后，小朋友终于忍不住了，"哇"的一声大哭起来，说："怕。"然后被妈妈抱了下来。

这位妈妈是很爱她的孩子的，她很怕孩子受伤，但是她忽视了给孩子合适的心理预期，帮助他接受一些似乎很困难的事情。在她一次又一次地问"怕不怕"时，其实是给孩子一个错误心理预期——这件事很可怕。孩子本来是有点紧张的，家长虽然很焦虑，但一定要表现得平静自若，如果用别的话题尽快地转移注意力并暗中保护，孩子应该能很愉快地完成他的旅程，而且还可以在这个过程中锻炼自己的勇气。

对于必须让孩子承受的一些痛苦，妈妈们处理时应遵循几个原则：

第一，告诉孩子对于为什么要这样做的理由，要用孩子能懂的语言向他说明。比如，许多妈妈可能对带小孩打针的事头痛，妈妈可以告诉孩子打针能让他增强免疫力或让病快点儿好起来等。

第二，妈妈自己首先要平静，不能表现出焦虑、担心的神情。如果妈妈自己首先慌了手脚，那么孩子也会害怕、觉得问题很严重，就不能以平静的心态去对待了。

第三，对于孩子所要承受的痛苦要如实地告诉他，不能夸大，也不能夸小。因为孩子上过一次当后，以后会不再相信妈妈的话，绝不会上第二次当。而且这样也不利于培养孩子直视困难、挑战困难的勇气，孩子就更难跨出接受困难事物的第一步了。

第四，妈妈绝不能通过哄骗或以满足孩子某个要求的方式来达到目的。有的妈妈会说“不打针坏人就会把你抓走”“如果你吃了这个药我就给你买娃娃”等话来让孩子去做某事。这样的方式其实并不好，虽然孩子前几次可能会听你的话，乖乖地做某事，但从长久的角度来说，这并不是个好办法，并不能减少孩子心中的害怕，而且也不利于他们性格的养成。妈妈应该激发孩子的勇气，孩子的忍耐力其实并没有妈妈想象中的那么弱，他们能够承受事情的能力有时超乎了妈妈的想象。所以，如果妈妈能给孩子一个正确的指引，详细说明情况，给出一个合适的心理预期，大多数孩子其实都是可以接受、可以克服的。

因此，妈妈们不能忽视孩子的忍耐力，要试着给他们合适的心理预期，让他们能够接受一些看似很困难的事情，锻炼他们。

精神贫困比物质贫困更值得妈妈担忧

天下妈妈无不期望孩子获得成功。孩子怎样才能获得成功呢？很多家庭没有优越的条件，没有可利用的资源，也没有高知的妈妈，即便这样就不能培养出精英了吗？每个孩子都有自己的理想，作为妈妈要帮助孩子实现他的理想，帮助孩子树立信心，告诉他美好的未来是通过自己的创造才能获得的。要知道，比物质贫困更可怕的是精神贫困，如果一个家境普通的孩子失去了进取的意志，那就永远不可能再有成功的机会了。所以妈妈要注重培养孩子追求成功的意念。当孩子相信自己是有能力的，并感受到他人的欣赏、肯定，他就会多一分自信，多一分责任，也就会具备追求成功的意念。妈妈的激励将有助于孩子获得这些。

那么，妈妈应该怎样让孩子在精神方面不再贫困呢？

1. 多鼓励自己的孩子

激励的教育方法主要是通过妈妈的谈话来实现的。妈妈期望的目标，有时会成为孩子追求的目标。妈妈要对孩子的发展充满信心、充满希望，要善于抓住孩子的优势来激励孩子主动发展，追求成功。妈妈可以针对孩子的具体特点，为其设定合适的追求目标。妈妈特定的动作、手势、表情、眼神在特定的环境中也具有某种激励作用，可以帮助孩子产生更强的追求成功的意念。

2. 鼓励孩子自己实践

过分地束缚孩子，会让孩子有更多的惰性，并失去应有的斗志和雄心。每个妈妈都希望同自己的孩子一起分享成功的喜悦，那么，就请妈妈放开手，让孩子自己走。当你给孩子一个自由发展的空间时，会欣喜地看到你所希望看到的结果。

妈妈让孩子处于竞争的机制时，比如，带两个孩子一起走，这样就容易激起孩子的求胜欲望。孩子在竞争的过程中会更加强烈地认为成功其实就在身边，那么，也就更为进取、聪慧。

3. 帮助孩子树立责任心

孩子的责任心从哪儿来？其实，妈妈可以让孩子充当一些有意义的角色，使他们感到自己的行为对家庭所产生的重要性，同时培养他们战胜自己弱点，增强各种能力的信心。在家庭中，妈妈应有意识地分派给孩子一些力所能及的劳动任务，如打扫卫生、为花草浇水，等等。与孩子进行平等的交流，也是培养责任心的一种方式，不但要倾听他的心声、感受，也要同他谈些自己的喜怒哀乐，当然内容应该是孩子所能接受的。

4. 让孩子体验成功

自信心对一个人一生的发展所起的作用是无法估量的，无论在智力上还是体力上，或是做事的各种能力上，自信心都占据着基石性的支持地位。一个人如果缺乏自信心，就会缺乏探索事物的主动性、积极性，其能力自然要受到约束。每个妈妈都能够让自己的孩子体验成功，只要伸出你的手去牵引，只要付出你的心去关爱，幼小将变得更为茁壮。

《一岁就上常青藤》的作者薛涌曾经将美国的穷人分成两类：一类是境遇贫困，这种是属于暂时的；而另一类是世代贫困，是由其文化行为决定的，会持续下去。很多穷人的贫困和其文化行为有关，要战胜经济贫困，首先要战胜文化贫困。所以，物质条件、资源条件上稍稍落后都是暂时的，经济贫困和文化贫困是两个不同的概念。如果希望孩子能够克服一切困难走向成功，最重要的是摆脱孩子精神上的文化盲点。

真正爱孩子的妈妈，除了要尽力提高孩子物质生活的质量，更要注重孩子精神生活的质量。再穷不能穷教育，再贫不能贫精神！

第二章

如何给孩子高质量的爱

爱孩子是每一位母亲的本能，这种爱，有时能给孩子温暖，有时却严重地影响了孩子的发展。所以，母爱都深如大海，但质量有别。任何时候，爱都要讲究方法，都要为孩子量身定做，只有让孩子受益，妈妈的爱才真正是有意义的。

妈妈宠爱孩子有方法，要宠不能惯

今年一开学，某学校脑瘫班的乐乐，现在连路都不怎么会走了，而上个学期期末的时候，她走路非常好，虽然时不时会摔倒，但是自己可以独立行走。大家都夸她练习认真，成果明显。结果这个学期怎么突然就退缩了呢？

原来这个寒假，乐乐的保姆去照顾姐姐的孩子了，没有时间照顾她，因此乐乐的生活都是由妈妈负责的。而乐乐的妈妈由于孩子的缺陷，非常自责，对孩子十分迁就，哪怕是乐乐说“无论我说什么，无论我说的是对的还是错的，你都不准反驳”，妈妈都没有任何意见。在家里，乐乐称王称霸，家里人不敢说半个

“不”字。因此寒假的一个月时间里，乐乐整天坐在家里看电视，从来没有好好地锻炼自己的身体，更别说专门练习走路了。一个月不练习的结果就是：现在连走路都有问题。

宠爱孩子，这是孩子的福分。所谓的宠，应该是满足孩子在成长过程中的感情需求，这样宠出来的孩子在日后的成长过程中会更加自信。天下的妈妈没有不宠爱自己孩子的，但是，并不是所有的妈妈都懂得宠爱孩子的尺度，这是孩子的不幸。对孩子的宠爱，应该有度，如果宠爱无度，就会变成溺爱。溺爱会给孩子带来一系列的不利影响：助长孩子的任性和娇气，弱化孩子与外界交流的能力，埋没孩子处理各种事情的潜能。

有一些妈妈，从来不让自己的孩子做任何家务，对孩子的各种要求几乎是“有求必应”，当孩子遇到困难时自己首先迎难而上。一句话概括就是，妈妈在极力创造一个让孩子感觉到没有任何委屈的环境。这样做的后果，孩子无疑是得到了安逸，万事不求人，但是这样做的同时，也把孩子应该具备的社会适应能力和免疫力舒舒服服地破坏掉了。

妈妈对孩子无度的宠爱还会使孩子在潜意识中形成“唯我独尊”的错误意识，他们成了家里的上帝，他们的喜怒哀乐左右了家庭的气氛。在学校中，有不少孩子是任性不羁的霸王，没有任何人能和他们沟通，没有任何规则能够约束他们。

妈妈对孩子的过度宠爱，原因大致有以下几个方面：

1. 妈妈自己小的时候受苦太多，曾经感受过贫苦生活给自己带来的折磨，现在自己事业有成了，总觉得不能让孩子再像自己从前那样受苦，所以千方百计给孩子最大的满足。

2. 有的妈妈自己从小生活在富裕的环境里，并且现在的条件要比过去好很多，所以觉得孩子一定要过得比自己舒服才算是跟上了时代进步的步伐，才算是不委屈孩子。

3. 有的妈妈由于不经常在家，长期在外拼搏，无暇照顾孩子平时的生活，总觉得自己对孩子有亏欠，所以就容易在物质方面尽量满足孩子，甚至可以容忍孩子挥霍金钱。

任何东西如果给得太多了，人的感觉就会钝化，爱也是如此。妈妈对孩子如果爱得太多，那就糊涂了。因为无论是什么原因导致溺爱心理的产生，最终都会导致孩子心理发展的障碍。

1. 被过度宠爱的孩子容易变得无情，只喜欢一味地索取，不懂得付出。

2. 被过度宠爱的孩子容易变得无能。如果妈妈帮助他做了很多本该属于他做的事情，过度的照顾让孩子的品德、智力甚至是身体发育停滞不前。妈妈可以给予孩子生命，但却无法担负孩子的一生，孩子迟早要独自面对自己的事情。

3. 被过度宠爱的孩子基本上缺乏自强的精神，缺乏自立的能力，承受不了任何风风雨雨，心理抗挫能力极差。有些孩子会在日常的生活中有一些具体表现，比如缺乏自我控制能力，行为怪异；不能控制饮食；在活动中不守秩序，如果别人不按照自己希望的方式就会大吵大闹；很少为别人考虑；不能与别人一起分享成果。

4. 被过度宠爱的孩子会表现得很难适应社会，因为过分娇宠的孩子容易形成自私、任性、放肆、骄傲、易发脾气、不遵守规则、没有公德等状况。这样的孩子一旦走上社会，往往高不成低不就，大事做不来，小事不肯做，注定要失败。

在当今我国的独生子女身上，过度宠爱、娇生惯养的危害体现得淋漓尽致，而西方国家的孩子相对来说独立很多，所以，我们的妈妈可以向外国先进的育子智慧学习。在美国，无论家长是高官还是富豪，从来都不给子女零花钱。而子女的零花钱大多是通过课余或假期的打工“按劳取酬”获得的。不仅如此，当子女长到 18 岁的时候，他们就再也不会在经济方面依赖自己的父母，而是必须自食其力。这些美国孩子也把长大后还向父母伸手要钱视为一种耻辱，自觉地凭劳动和智慧来挣钱料理自己的生活。总之，要想孩子独立，就要从小培养他的独立意识，不能娇生惯养、过度溺爱！

妈妈爱孩子，这是人之常情，大家都理解，但是千万不要“过度”。爱孩子不能只用感情，爱孩子需要用智慧，教育孩子时坚持“要宠不要惯”的原则才是最好的方法。

被孩子接受的爱才是孩子幸福的源泉

漂亮机灵的爱子是妈妈的心肝宝贝，妈妈把家里所有好吃的都留给她吃，给她穿最好看的公主裙，给她比同龄小朋友更多的零花钱，但是，渐渐长大的爱子越来越不喜欢妈妈给的东西，例如她不喜欢吃妈妈给她买的巧克力蛋糕，不喜欢妈妈经常要她穿的泡泡裙，不喜欢妈妈因为害怕她受伤而不让她和小朋友去玩游戏的叮嘱……爱子向妈妈抱怨了很多次，但是都没有效果，妈妈依然按照自己的意愿给爱子这些她不喜欢的东西，久而久之，爱子开始讨厌妈妈，她不再喜欢笑了，也不再对妈妈给的东西感兴趣，她甚至觉得妈妈不像以前那么爱她了。

爱子妈妈无疑是非常爱她的，爱孩子是每一个妈妈的本能反应，但是有爱不代表就能让孩子感到快乐，不代表孩子就能感受到生活的幸福。妈妈的爱，只有被孩子接受了才能让孩子感到幸福。

既然爱要以孩子的接受为标准，那平常就应该多思考：孩子想要的到底是什么？怎么表达爱，孩子才更容易接受和理解？生活中总是有些妈妈，宁可自己省吃俭用，也要让孩子在物质上应有尽有，但在精神上经常忽略孩子的需求，对孩子的情感和人格缺乏应有的尊重，这样也很难让孩子体会到妈妈无私的爱。所以作为孩子的妈妈应该尽可能多地和孩子在一起。每个孩子都需要从妈妈那里得到足够的重视。在每天工作之余，妈妈要腾出一些时间参加孩子的游戏，和孩子一起读书，为孩子提供接触外界的机会，学会倾听孩子的心声。与孩子谈话也为妈妈提供了一次了解和教导孩子的机会。这样，妈妈就能够在第一时间知道孩子到底需要什么，怎样的爱他们才能接受。

在生活中能感受到妈妈爱的孩子才能被幸福的阳光照耀。但是不接受妈妈的爱，拒绝去关爱她们的冷漠的孩子不会被幸福垂青。

冷漠的孩子内心总是寒冷的，也许他得不到妈妈的关心，也许他不接受妈妈的关爱，也许他接受不了妈妈关爱的方式。他们总是在寒冷中挣扎，感受不到温暖，也感受不到生活的幸福。那么，我们应该怎样才能让孩子冷漠的心感受到温暖，感受到幸福呢?

这说难不难，说简单也不简单。面对生活中日渐冷漠的孩子，想让他们感觉到爱的幸福，需要一步步融化孩子的冷漠。

第一点，改变冷漠就要让孩子从身边的小事开始，比如，每天多问候一声爸爸妈妈，多给朋友一个微笑，多为集体做一件好事，多看一眼今天明媚的阳光等。这样做，可使孩子得到爱与热情所带来的充实和快乐。

第二点，带领孩子到生活中去感受“热心”的暖流。书画家为拯救灾民的义卖书画活动；社会各界为“希望工程”的捐助活动；为美化校园，每人献上一朵花的活动……应创造条件、提供机会，让孩子去感受这些活动。

第三点，就是强化孩子的“热心”行为。当孩子扶起倒在地上的自行车，当孩子给上坡的三轮车助上一把力，当孩子把自己的新书送给贫困地区的同学，当孩子为正在口渴的奶奶送上一杯茶……当孩子做出这些“热心”行为时，妈妈应及时地给予表扬、鼓励。这样，在强化孩子热心行为的同时，就抑制了“冷漠”心态的滋生。著名女作家刘继荣在这方面就做得很棒，她每周末都会带着孩子去广场上帮助有困难的人，时间久了孩子就养成了一种习惯，每当别人遇到困难的时候，他就会主动去关心。在别人痛苦消失中孩子脸上露出了幸福的微笑。

第四点，训练孩子的同理心。所谓同理心，是指能站在他人的立场，从他人的角度去思考问题，去体验情感。亦即能设身处地想他人之所想，急他人之所急，乐他人之所乐。例如，可以开展“假如我是……”的角色换位活动，使孩子理解、体验假想角色的内心感受，改变原来的冷漠态度。一位下岗职工的孩子正是通过“假如我是下岗的妈妈”的角色换位活动，体验到妈妈的烦恼，认识到妈妈的不容易，从此改变了原来的做法，与妈妈的心贴得更近了。

经过这样的训练，孩子逐渐能体谅妈妈的爱，同时还学会了去帮助别人。渐渐冷漠就会离他远去。不冷漠的孩子才能深切感受爱的含义，更容易沐浴爱的幸福的眼光。另外，妈妈要想孩子更多地去享受生活的幸福，还应该让他明白：人活着不只是为了享乐，人存在的最大价值在于被他人需要。当孩子感到被需要的时候，这种感情就会使他有旺盛的精力。这股力量会促使他不惧怕面前的困难和挫折，勇往直前。被别人需要，是人的一种天性，也能体现出一个人的价值。在某些特定情况下，一个人如果不被别人需要，生存也就失去了意义。

幸福并非一颗美丽、难以寻觅的巨大宝石，无论孩子付出怎样的努力也无法找到它；只要妈妈的爱能让孩子接受，融化他那颗冷漠的心，同时还能让他感觉到自己被人需要的价值，孩子内心就会充盈，幸福就会不自觉溢出。

爱是合理的给和合理的不给

毛毛是家里的独子，自出生以来就集万千宠爱于一身，爸爸妈妈、爷爷奶奶、外公外婆、叔叔姑姑、人人都对他疼爱有加，有求必应，只要他眼里流露出对某样东西的好奇或是喜欢，家长马上就把这个东西送到他手上，这就养成了毛毛要什么就必须得到什么的习惯。冬天的一个晚上，妈妈带着三岁的毛毛去朋友家串门。回家的路上毛毛突然发现一直攥在手里的一块糖果不见了。那块糖果是妈妈的朋友给的，他家没有这样的糖果。毛毛着急得哭了起来。爷爷奶奶、爸爸妈妈都来安慰他，并承诺第二天给他买他最喜欢的玩具。但毛毛没有妥协：我要！我要！我一定要!!

毛毛打着滚哭闹，爷爷奶奶、爸爸妈妈看着实在心疼，便带上照明工具倾巢而出，沿着回来的路拉网式地搜寻，眼看午夜12点了，糖果还没有找到，妈妈看着因绝望而哭得死去活来的孩子，终于硬着头皮敲响了朋友家的门，把已经睡着的朋友一家人吵醒找那块糖果。

经历小小的失望就歇斯底里，预兆着未来灾难的来临。毛毛长大了，想找一个女朋友，但他看上的女孩根本看不上他。他不再打滚哭闹，而是拿起一把刀子割破了自己的手腕。医院里，毛毛被抢救过来，但是他又开始绝食。父母哭着对他说：“你想把我们急死？不就是一个女孩吗？人生的路还长着呢，好女孩多得是。”但他恨恨地说：“我就要她！要她！一定要她!!”

独生子女最大的问题，就是得到过多不合理的爱。他们一切合理的不合理的要求都得到满足，并且没有兄弟姐妹来分享，这样的成长经历让他们养成无限制索要的习惯，并且觉得父母就应该也能够满足自己的需要，这是天经地义的事情，不用感恩，也不用怀疑。也许在孩子小的时候，父母觉得满足小孩儿的要求不是件难事，只要孩子开心就好，但是，没有一个家长能满足孩子一生的所有需要，当你的孩子欲求未满时，当你没有能力给予他时，孩子会怎么样？上述事件中因为追不到女孩而割腕的毛毛是对所有不理智满足孩子需要的家长的警醒。

父母对孩子过度的爱容易造就出一批自私、不懂感恩、心智不成熟、人格不健全的儿女，真正伟大的爱不是无限制的给予，而是合理地给的同时也有合理地不给，它是合理的安慰、鼓励、督促、给予，也是合理的争执、对立与批评。它是一方面尊重孩子生活的独立性，另一方面又给予孩子积极的引导。

因此，妈妈在教育孩子的时候，不要给予孩子过度的爱，不能溺爱和娇惯，要让孩子明白不是所有想要的东西都能到手；爸爸妈妈不是能帮你实现所有愿望的超人；如果家长满足了你的需求，要感谢他们的辛勤付出；干净的衣服、可口的食物、舒服的环境，这一切都不是理所当然的；好东西是应该与别人分享的。当孩子了解了这些事实后，他会迅速长大，懂得感恩、懂得分享、懂得控制。孩子生来是一张白纸，关键在于妈妈在上面写上什么样的思想情感。不要在白纸上填满色彩，也不要给予孩子太满的爱，凡事留点空间，才有更多的美感。

给予孩子爱，是所有妈妈的本性，不是件难事。正如美国心理学家斯考特·派克所说的，对孩子的溺爱和对宠物的爱有一致性，可以说是一种父性或母性的本能。它不需要努力，不需要经过意志抉择，并且对心灵的成长毫无帮助，所以不能算是真爱。虽然溺爱也能帮助建立亲密的人际关系，但要养育健康而心智成熟的子女，还需要更多的东西。所以，真爱不是只会给予的爱，而是合理的给予合理的不给予的理智的爱。

虽然，这样做的妈妈经常会处于一种两难的困境当中，一方面要尊重所爱的人在生活和人格上的独立，另一方面又要适时提供爱的引导。这种真爱复杂而艰巨，需要认真思考，需要不断创新。但是，为了孩子健康成长，妈妈多花点心力又有什么关系呢。

封闭的爱也是对孩子的伤害

文文是家里的独生女，从小娇生惯养，集万千宠爱于一身，不用做任何事情，而且受到的是“这样不行”“那样危险”的过度保护。一次，文文下楼跟小朋友玩，发生了小小的争执，文文被小朋友打了一拳后，妈妈再也不让她出门玩耍。“不要去跟那些小孩儿玩，他们是坏孩子！”上学后，妈妈也不让文文和同学交往，慢慢地，文文变得越来越孤僻和高傲，她总是拿自己和别人对比，总是觉得别人不如她，而一旦发现有人比她好时，她心里就极其不安，常常为此感到痛苦和焦虑。

生活中，有很多独生子女像文文一样，从小就在一个比较封闭的空间中生活，而一旦离开妈妈营造的幸福温暖的空间后，他们就容易心神不宁，焦虑不安，不知所措。医学上认为，这样的人，精神上就像一个外形完整的蛋壳，表面上个性极强，但内心空虚、脆弱，只要轻轻一捏，就成了碎片。因而，他们只要一离开妈妈的保护，就难以适应，接受挫折的能力差。

这也就是如今独生子女心理问题的主要来源之一。独生子女本来接触别人的机会就少，妈妈却没有意识到要多给孩子提供接触社会的条件。有的妈妈在孩子上幼儿园之前，把孩子交给爷爷、奶奶或保姆照看，他们又经常把孩子限制在屋子里，或者经常抱着孩子。不让孩子自由行动，使不少孩子没有经过必需的爬行阶段。这也不让孩子摸，那也不让孩子动，孩子虽减少了一些危险因素，却大大影响了孩子的身心发育和智能的发展。有的妈妈忙于工作，把孩子放在姥姥家，姥姥怕孩子出去学坏，就把孩子关在家里看电视、看书。孩子长大后性格特别孤僻、胆小退缩、好幻想、神经质，最后得了强迫性思维症。

有些妈妈虽然自己带孩子，却很少带孩子去户外游玩，不让孩子到别人家串门儿，结果孩子的性格变得胆小、内向、孤僻，不会和他人交往，甚至孩子一到陌生环境或见到生人就哭，到公园也不敢玩游乐设施。还有的家庭，爸爸基本不参与孩子的生活，孩子完全由妈妈一个人带，儿子和妈妈在一张床上睡，和妈妈总黏在一起，感情上完全依赖妈妈，结果造成男性性格女性化。

除了不让孩子和社会接触，妈妈们还经常包办孩子的一切事务。什么家务也不让孩子做，更不让孩子参加社会活动。有个5年级的小学生，妈妈除了让他学习和练琴之外，什么也不让他做，包括看电视、游戏、运动、交往、家务，等等。孩子学习成绩很好，小提琴考到8级，但因压力过大、生活过于单调而患了精神分裂症。这就是因为过度封闭而单调的生活，致使孩子的动手能力、独立解决问题的能力、社会适应能力都很差，责任心、自信心都不强。

另外，妈妈都希望自己的孩子越单纯越好，所以从小给孩子提供的教育方式、教育内容、生活环境是纯而又纯，甚至在价值观念上对孩子的教育都过于单纯。她们总是习惯于对孩子说教，给孩子现成的是非观，经常说孩子“你不应该这样，应该那样，你这样不对”，很少启发孩子自己思考，自己面对困难及解决问题。孩子对事物没有自己的判断力和价值观，经常陷入偏执的思想中。

有个初中生，不愿意住校，不愿意和同学交往。原因是她讨厌同宿舍的同学吃饭会发出声音，咳嗽不捂嘴，睡觉前爱说话，等等。她家条件很好，单独一个房间，没有人打搅她，结果她认为做人就应该那样，有人打搅她就觉得厌烦，无法忍受。她在班上一个朋友也没有，问她为什么不交朋友，她说：“他们都不是好孩子，因为他们说话带脏字，妈妈说，讲脏话的孩子不是好孩子，所以我不能和他们玩。”

妈妈绝对没料想到自己对孩子的保护和教育，竟使得孩子变得如此孤僻和不合群，这个时候妈妈再来后悔，就迟了。

所以，不是越多的保护对孩子越好，不是越单纯的生活对孩子越有益，封闭的爱也是对孩子的伤害。

妈妈要知道，如果我们给孩子的教育、给孩子提供的生活环境过于单调的话，孩子就没有机会发展自己各方面的能力，就没有能力去应对将来复杂的生活。所以，该放手时就放手，该复杂时就复杂！

过度呵护会引发孩子的“母源病”

最近，嘉嘉成了医院急诊室里的常客，他总是在周末的时候无缘无故地发烧。医生给他做了全面的身体检查，也没查出有什么毛病。除了发烧，嘉嘉一切正常。刚开始的时候，嘉嘉的妈妈以为是医院的医疗水平不高，查不出来，但是，跑了好几家医院，结果都是一样的：除了发烧，嘉嘉其他的一切正常。

嘉嘉的妈妈很纳闷，这孩子是怎么了？经过反复的检查，医生认为，嘉嘉的毛病不是出在孩子身上，而是出在妈妈身上。因为小时候，嘉嘉身体不是很好，经常一生病就发烧。因此，妈妈对嘉嘉呵护有加，嘉嘉身体稍有一点儿不舒服，妈妈就如临大敌，其他家人个个都很紧张。

嘉嘉长大后，妈妈还是这个样子。于是，妈妈的过分担忧，间接地影响了嘉嘉的身体状况。而且，一到周末，妈妈就特别紧张，常把嘉嘉关在家里，不让他出去和小朋友玩耍，她怕嘉嘉出去玩会突然发烧。即使偶尔带嘉嘉出去，她也总是问嘉嘉：“有

没有哪里不舒服?”或者“有什么不舒服,马上告诉妈妈!”

孩子发烧,问题出在妈妈身上!听起来不可思议,但这种情况并不少见。如新生儿妈妈担心奶水不够而焦虑,新生儿就会受到妈妈的影响,出现烦躁、不安等不良反应。

日本的一位医生把由于妈妈或家人的原因造成孩子“生病”的异常现象称为“母源病”。事实上,孩子表面上看起来是生病了,但实际上并没有什么病理上的表现。例如,孩子很乖,但是总是莫名其妙地每个月都会患上打喷嚏、流鼻涕的感冒,而且无法治愈。实际上,发生这种症状的原因,却是双亲养育子女的方法造成的,这就是“母源病”。

有的妈妈,自孩子出生起便有了沉重的精神负担,她们时常惦念孩子,会因孩子某些细微变化而惶恐不安。例如上班时突然想到孩子会生病,会食物中毒,就会马上放下手头的工作去看孩子,只有这样才能心安;在孩子外出玩耍时,总会有一丝不祥之感,要求孩子一直留在自己身边;即使孩子睡熟之后,也会突然去看他是否感冒发烧;如果孩子伤风感冒,肚疼拉稀,她们更是心急如焚,会带着孩子四处求医,并为此寝食难安。妈妈的这种紧张和恐惧的情绪会强烈影响孩子,使他们也终日惶惶不安,一时见不到妈妈,便会六神无主,并会因此影响饮食和睡眠。这些孩子明显地比其他孩子胆怯、脆弱、爱哭,在心理和生理发育上也明显地劣于其他同龄的孩子。

有的妈妈将孩子视为心肝宝贝,因此,不惜一切代价让孩子吃最好的,穿最好的,玩最新的,不让孩子做一点家务,生怕委屈了他们，若是遇上孩子与小朋友发生口角，无论有理还是无理，总会站在自己孩子这一边。过度的溺爱使孩子在生活上过度依赖妈妈，缺乏自立和吃苦精神，缺乏上进心，心理上也变得十分脆弱。当他遇到小挫折时，便会因缺乏应变能力和单独处理事务的能力而不知所措，如果遇到较大挫折，其中会有些人因不堪承受心理压力而产生自杀企图或自杀行为。

“母源病”会对孩子在心理、行为上产生极大伤害，因此，那些对孩子过度保护的妈妈，请放开手，相信孩子自身的免疫力，让孩子自己去经历风雨吧！

妈妈担心孩子体弱多病，结果却不断地在行动和语言的强化中，让这种担心变成了现实。要改变这种情况，首先应该破除行为上的“疾病”强化。为防止孩子生病，妈妈将他包着、捂着，结果孩子的体质变得更为虚弱，形成一个恶性循环。因此，从孩子出生开始，妈妈就要打破这个循环。

其次，应该破除语言上的“疾病”强化。为了孩子的健康，需要增强他的心理免疫力。如果你在孩子的面前不断地强调“你体质弱，身体不好”，孩子就会真的以为自己弱不禁风，于是稍有不适，他就会立即倒下。如果孩子在生病时能得到特别的呵护，他还会逐渐将生病看作自己的特权，长此以往，他会变得特别在意自己的身体，时刻留意自己身体的不适之感，期待所有人的同情和怜悯。

此外，还要给孩子一个积极的心态，激励孩子与病魔作斗争，把孩子身上的免疫力充分调动起来。威廉·丹福斯从小就是一个有病的孩子，但是他的老师用“我相信你”“我相信你将成为学校中最健康的孩子”等话语鼓励他，他果真变成了学校里最健康的孩子！他在85岁逝世之前，帮助了数以万计的青年获得健康的身体，还帮助他们立志高尚、做事刚勇、服务谦逊。人的身体与心理有着千丝万缕的联系，积极的心态对孩子的一生是至关重要的。

爱孩子就要让孩子感到自己得宠

美国向来是以推崇独立和冒险精神而出名的，我们印象中的美国孩子也都是很有主见，很独立，他们的妈妈应该不会宠爱孩子。其实在美国的家庭中，特别是在很多中产阶级的家庭，妈妈往往对孩子宠爱得有点儿过头。妈妈的这种宠爱，在一定程度上是以另一种方式与孩子互动，孩子可以从妈妈的点点付出中获得爱的回应。这样一直被宠大的孩子，在小的时候有助于感情和智力的成长，在稍稍长大之后有助于培养自信心。可以想象，如果一个孩子从小就生长在被妈妈置之不理的环境中，那很有可能将丧失与外界沟通的欲望和信心，接受外来的刺激也不足。而当孩子从小就成为家庭的中心，被妈妈鼓励并与外界沟通时，他就可以有更多的机会发出自己的声音和见解，所以这样的孩子比那些在家里管教过严的孩子要活泼得多，智力的发育也比较充分，快乐幸福指数也更高。

美国是强调独立精神的社会，但是也不妨碍孩子们感受妈妈的宠爱。妈妈们知道，让孩子得宠，不是对孩子的溺爱，而是对孩子的滋养。

在美国，女性无论身居何等社会高位，只要是结婚生子，照顾家庭就是第一职责。不仅传统观念如此，美国法律在对照顾儿童这一方面也有详细的规定，比如12岁以下的孩子不可以独自在家，所以母亲的责任更为重大。美国有不少职业女性在结婚之后根本扛不住家庭与事业的双重压力，只好退回家中做起了专职主妇。

妈妈作为家庭中的强大后盾，在生活上对孩子的照顾无微不至。美国的中小学一般都会免费提供午餐，但是很多妈妈觉得学校里的饭也许不合孩子的口味，或者食品不够健康，还要额外准备一份午餐送到学校来。

在美国的家庭中，孩子们一般不会主动承担家务。对于要求孩子自己整理房间的，会被视为管教严格的家庭。为了培养孩子们一点点的劳动习惯，妈妈们就用零用钱来“悬赏”。

在美国大多数的城市，凡是住家离学校有一英里以上的中小学生，无论是上学放学都有学校的校车来接送。所以这些孩子在上中学以前，每天都要由母亲来“护卫”。在每天的放学时分，人高马大的美国孩子在学校门口张望着等待妈妈来接他们回家，可以算得上是美国学校最有趣的景象之一。一般当孩子到了上高中的时候都开始热衷于学习驾驶汽车，这时妈妈无疑要担任教练，负责传授技艺。

美国的学校中有各种兴趣小组。如果学生对某个兴趣小组很热衷，妈妈一般都会介入帮忙，包括向小组提供赞助，帮忙联系活动，等等。不仅如此，美国的妈妈基本上每天都会帮助孩子辅导功课，特别是高中生，学习压力太大，妈妈总是希望可以帮助孩子分担一部分。另外，美国的妈妈也比中国的妈妈更容易用言语和身体语言来表达对孩子的爱。“我爱你！”是她们对孩子最常说的一句话，而温暖的怀抱是她们时时刻刻传递爱意的渠道。这对于受含蓄的东方文化影响的中国妈妈们来说，不是件容易的事。很多妈妈没有对孩子说过“我爱你”，以为孩子自然会懂妈妈的爱，但是，想让孩子感受到他对你有多重要，为什么不直接告诉你的孩子你有多爱他呢？

其实，孩子很需要妈妈的宠爱，一声“宝贝儿”，一句“我爱你”，一个含情脉脉的眼神，一个信任的微笑，一个温暖的拥抱，一份浓郁的安全感……都是妈妈爱的信号，孩子需要从这些信号中感受到自己是被爱的，感觉到自己是得宠的，所以，他对未来充满信心，他在成长中充满能量，他在一生中充满幸福快乐！所以，妈妈不要吝啬对孩子的爱，不要疏于对孩子爱的表达，让孩子感受到自己受宠，这是妈妈的责任和义务，也是孩子的福气和能量之源！

掌握向孩子表达爱的途径，不要忽视爱的表达

有关研究表明，如果孩子在1岁的时候没有得到充足的爱，将来或多或少会表现出人格的缺陷。心理学家认为妈妈与孩子的关系具有绝对的依赖性，不仅在生理上需要得到妈妈的照料，同样在心理上渴求来自妈妈的爱。如果一个孩子在幼年时期严

重缺乏妈妈的关爱，在他成人之后完全不知道如何给予他人关爱，甚至一生都会受其困扰。

有些妈妈感到疑惑，甚至并不认同这样的说法。天下没有一位妈妈不是一心在为孩子着想的，哪有不爱孩子的妈妈？但是，很多妈妈不了解自己的孩子究竟需要什么样的爱。妈妈感到很头痛，孩子也感到很难受。

很多妈妈对孩子的关心可以说到了无微不至的地步，甚至可以说得上具有无私的奉献和牺牲精神。她们为了孩子能够更好地成长，省吃俭用，节衣缩食，把全部的财力和精力都奉献给了孩子，帮助孩子创造最好的物质条件和学习条件，只要是别的孩子有的，我的孩子也一定要有。这样对待孩子，能说是不爱孩子吗？结果，孩子的心理出现了障碍，与妈妈的隔阂反而越来越大。于是很多妈妈不禁仰天长啸：教育孩子可真难啊！我费了那样大的心血，可是他却这样对我！

妈妈对孩子的爱，如果仅仅是物质上的奉献是远远不够的。妈妈对孩子的爱，还应该包括对孩子的尊重，亲子之间亲密、平等的交流，有一个小学生在他的日记中就写道："我希望，妈妈能够经常对我笑，能在我睡觉之前和我说声晚安。"孩子是多么渴望与妈妈的感情交流。作为妈妈，不要总觉得自己有多么爱孩子，重要的是让孩子能更多地体验到妈妈对他的爱。很多妈妈都为了孩子付出巨大的代价，但是她们的孩子却很难体验到妈妈的爱，使爱的质量大打折扣。

所以，妈妈不仅要会爱孩子，还要会向孩子表达爱。那么怎样正确地向孩子表达爱意呢？美国宾夕法尼亚大学莫尔学院的一位博士认为：妈妈应该准备一份自我检查表，经常对照检查，检查的内容有：

1. 告诉孩子“我爱你”。

2. 通过温和的触觉传达对孩子的爱意。

3. 关心孩子的行踪。

4. 让孩子明确什么是对，什么是错。

5. 对孩子每一个小小的进步表示认可。

6. 向孩子询问对父母是否有意见。

7. 耐心地回答孩子提出的各种问题。

8. 交给孩子一些工作，让他懂得承担责任。

9. 让孩子对自己有足够的信心。

10. 尊重孩子的人格。

这位博士在研究过程中，为妈妈总结出向孩子表达爱的三条途径：

第一，每天有固定的时间与孩子进行交流。可以坐在地板上与孩子一起做游戏，可以帮助孩子完成学习计划，可以与孩子一起欣赏激光光盘。

第二，用和蔼的语言让孩子感觉到被认同。当孩子向妈妈表达一种感受的时候，妈妈应该以同样的心情回应他。

第三，帮助孩子正确表达自己的情绪。妈妈可以限制孩子的行为，但是要让孩子充分地表达自己的情绪。教给他正确表达情绪的方法，并不是单纯靠哭闹就可以解决问题。

以上方法仅仅是表达爱意的几种方式，相信妈妈在与孩子的相处中，能够得知更多向孩子表达爱意的途径。也许你某种方式的拥抱，让孩子笑得特别开心；也许你和孩子在一起玩的某个游戏，让孩子离你更近；也许你说的某一句话，让孩子可以乐上几日。这些都可以成为你今后向孩子表达爱的重要途径，其实，只要妈妈用点心，孩子就能更好地体验你的爱。

别拿孩子的自尊当儿戏，爱孩子从尊重孩子开始

上小学二年级的西西经常说谎。他特别喜欢看动画片，以至于沉浸其中忘了写作业。妈妈每次说：“做完作业再看吧！”他都回答：“我已经做完作业了！”当妈妈晚上检查作业时，经常会发现他根本就没有写完作业。

但西西从来不承认自己说了谎。并且总是振振有词：“我忘了，我马上去做！”妈妈很生气，有时很想教训他，但考虑到孩子的自尊心，这位善良的妈妈便总是强忍下去。

有一次，妈妈情绪很不好，对西西发火说：“你这孩子总是说谎，好多次，你说谎，妈妈没有揭穿你，可是你想说谎到什么时候呢？”西西红着脸，一句话也说不出来，他觉得自己就是妈妈说的坏孩子。

聪明的妈妈看到儿子的样子，意识到伤害了孩子的自尊心，轻轻地说：“西西，只要你以后不说谎，妈妈绝对不会怪你的。想一想，如何才能不说谎，又能做自己想做的事情呢？”

西西听妈妈这么说，知道妈妈没把他当坏孩子，他心里别提

多高兴了。他告诉妈妈：“以后我要先写完作业，再看动画片。”

“但是想遵守诺言也不是件容易的事吧！妈妈担心你不能遵守诺言。西西，每次做完作业告诉妈妈好吗？”

“嗯，妈妈，我写完告诉您，然后再去做别的事。”

妈妈欣慰地笑了，她为西西接受自己的建议感到很高兴。

其实这位聪明的妈妈只是在适当的时候，给足了孩子面子而已。简单的方法就能改变孩子说谎的习惯。但那些整日苦口婆心的父母却很难改变孩子的习惯。

每个人天生都是有自尊和羞耻感的，即便是婴儿，从6个月大开始，就能识别“好脸色”“坏脸色”。给他好脸色，他会笑；对他横眉竖眼，他马上会哭。儿童有一种强烈的个人尊严感，而成人通常意识不到他们是受到伤害和遭到压抑的，更意识不到自己在蔑视孩子。在日常生活中，妈妈蔑视孩子的事例数不胜数。比如，当你看到你的孩子端了一杯水，你就会害怕孩子把这只杯子摔碎，这实际上就是蔑视孩子的一种表现。一只杯子难道比你孩子的尝试和探索具有更大的价值吗？你是给孩子探索的机会呢，还是只心疼你的杯子？如果是前来拜访你的客人打碎了这只杯子，妈妈一定会立刻说，这只杯子并不值钱，完全不用把这件事放在心上。而为什么孩子打碎了就是难以避免的挨骂呢？

虽然孩子有时不能够做好某些事情，但妈妈要意识到：相对于孩子的能力，一颗健康的心灵才是对孩子最重要的。要想让孩子真正长大成人，就应该让孩子从小就“站着”，而不是

“趴着”去仰视那些大人物，这种自信心与健全的人格会为孩子的一生打下一个良好的基础。一个人的心灵世界，是要靠自尊来支撑的。尊严可以带给人自信，也可以改变一个人的命运。研究显示：与9个月到3岁的幼儿多交谈，会使这些孩子日后变得更聪明。在妈妈与子女之间关系平等，彼此尊重，且保持沟通交流的家庭里，孩子的智商会比别的孩子明显高出很多。

人人都有自尊。所谓“厚脸皮”的人，都是由于后天得不到别人的尊重，久而久之，羞耻感逐渐降低而形成的。妈妈如果无视孩子的自尊，动辄当众辱骂、训斥，伤害孩子的“面子”，日久天长，孩子的自尊感因为经常得不到尊重而降低，孩子就会“破罐子破摔”，他们不但不会改变，反而脸皮越来越厚，经常犯错，甚至屡教不改。他们的自信和积极向上的心态也会消失殆尽。在他们心里，会形成“啊，我是坏孩子”“为什么我做不好事情呢”“我简直是太笨了”这种不断的自我否定，最终使得他们对自己丧失信心。

在教育孩子的时候，妈妈可要小心“厚脸皮效应”，记住只有给孩子足够的面子，他才会自信，对孩子要以鼓励和夸奖为主，以批评为辅，同时要注意批评的火候和方法。

那些为孩子的错误而烦恼的妈妈，在您指责错误之前，请考虑是否给孩子“面子”，与其教训批评孩子的错误和缺点，不妨和孩子一起商讨解决方案，这样才能从根本上给孩子面子，他才会自信，进而自觉改变行为方式。

第三章

“懒”妈妈未必不是好妈妈

一个真正疼爱孩子的妈妈应关注的是孩子将来是否能自己应付外面的世界。想使孩子成功地走到门外的世界，必须从小开始培养他的自立与自信。改变妈妈替孩子做所有事的习惯，便能达到这一目的。

做个身懒心不懒的妈妈

有个上小学四年级的独生女，习惯睡懒觉。每天早晨，她妈妈几次催她起床，她总是不情愿地说：“我再睡会儿。”如果真迟到了，她就会抱怨妈妈没把她叫起来，害得她挨老师批评。妈妈觉得不能再这样下去了，于是告诉女儿：“上学是你自己的事情。从明天早晨开始，该几点起床你定好闹钟。如果闹钟响了你还赖着不起，你就赖吧，肯定没人叫你，一切责任自己负！”女儿不以为然，结果，第二天早晨闹钟响了，她还在床上赖着，父母都没有管她，那天女儿上学迟到了。妈妈知道：孩子跟父母撒娇，在老师、同学那里还是很在意自己形象的，岂能总迟到？果然，第三天早晨闹钟一响，女儿腾地跳下床。从那时起至今，五六年过去了，女儿早晨起床上学再也不用大人叫了。

每天早上如何让孩子起床，相信这是大多数妈妈的烦恼。大多数孩子都有赖床的毛病，妈妈总是一次次地催促孩子起床上学，她们或者温柔唤醒，或者直接掀开孩子的被子，逼迫他们起床刷牙。孩子总是满腹牢骚，他们讨厌妈妈打扰他们的睡眠、破坏他们的美梦，因此经常是妈妈越催促，孩子越不愿意起床。妈妈也许会抱怨孩子怎么那么懒呢？其实不是孩子懒，而是妈妈太勤快了，剥夺了孩子的体验。

孩子有了闹钟以后，他自己决定起床的时间，自己为自己的迟到负责，有了亲身体验，他自然会自觉地遵守规则。所以，妈妈与其逼迫孩子起床，不如让闹钟自动提醒孩子，一旦给孩子一个宽松的环境，每个孩子都能从生活中获得体验，学会为自己的事情负责。

从前面这个独生女的变化可以看出，孩子的潜力很大，可以做很多事情，只是妈妈的包办剥夺了他们自立的能力。譬如，孩子的学习也是他们自己的事，靠自己认真听讲、认真思考、认真复习和预习，独立完成学习任务，才能真正掌握学习本领。大人陪读、陪写甚至帮写、帮计算，都是在帮倒忙，是在辛辛苦苦地培养懒孩子。

因为惰性是人天性中的一部分，如果妈妈过于勤快，把孩子的事情都一并包揽，等于剥夺了孩子的锻炼机会，等于助长了孩子惰性的发展，妈妈的好心反而做了坏事，这是极其不明智的。很多妈妈都会被母爱冲昏了头，不知不觉中成为勤快过头的妈妈，养出了“懒”孩子。所以，妈妈要时刻提醒自己不要过界，要做一个称职的“懒”妈妈，最关键的一点就是要做到身懒心不懒。怎样才能做一个身懒心不懒的妈妈呢？你可以从以下几个方面做起：

首先，要和孩子划清“界限”。妈妈要让孩子清楚知道什么是自己的事，什么是妈妈的事，同时通过谈话、讲故事、做表率等方式，使孩子知道“自己的事情自己做”的道理，让孩子懂得劳动是光荣的，依赖大人是没有出息的，从而培养孩子独立做事的自觉性和积极性。

其次，妈妈要创造让孩子独立做事的环境，在孩子力所能及的范围内，妈妈不要插手帮孩子做事，另外，妈妈还可以引导孩子从身边的小事做起，由易到难，循序渐进。例如，帮大人扫地、到邻居家借东西、下楼买日用品等，不要让孩子因为负担过重而讨厌做事；当孩子做得好时，可以给予适当奖励，让孩子体会到做事情的满足感，鼓励他再接再厉。

再次，妈妈一定要对孩子有信心和耐心。不要担心孩子做不好，或怕孩子添麻烦帮倒忙，就自作主张帮孩子做事；没有人是天生就会做事的，所以要给孩子进步的时间和空间，对孩子要多表扬、多鼓励，少埋怨、少指责，循循善诱才能促进孩子的进步。

最后，妈妈要制定严格的要求，并持之以恒地严格遵守。只有先制定好规则，孩子才有做事情的方向和准则。而一旦有了要求，就一定严格遵守，这样孩子才能养成良好的习惯和自觉性。孩子自理能力和做事情的自觉性，不是一朝一夕就能培养出来的，所以，妈妈应长期坚持对孩子的引导和要求。

为了孩子自立，藏起一半爱

孩子的健康成长，需要妈妈的爱和关怀，但过多的爱往往会变成溺爱，给孩子造成伤害。正如花儿的生长离不开水的滋养，而如果水分过多，花儿的生长就会受到影响，严重的话，花儿会被淹死。所以，爱是一种养料，太少不行，太多也不行，恰到好处才能促进孩子的成长。为了孩子的健康成长，有的时候妈妈需要藏起一半爱。

藏起一半爱，要求妈妈在孩子成长道路上，该放手时就放手，让孩子自己去尝试，自己去体验。适度放手让孩子去行动，他就能发挥自己的能量和创造力，这才是真正的爱。

作家毕淑敏曾经做过多年医生，但是为了教育孩子，有一次，在儿子感冒发烧的时候，她狠了狠心，让儿子自己去医院看病。她在《教你生病》一文中，记述了当时的经过：

"你都这么大了，你得学会生病。"我说。

"生病还得学吗？我这不是已经病了吗？"他大吃一惊。

"我的意思是你必须学会生病以后怎么办。"我说。"我早就知道生病以后怎么办，找你。"他成竹在胸。"假如我不在呢？""那我就打电话找你。""假如……你最终找不到我呢？""那我就……就找我爸。”

也许这样逼问一个生病的孩子是一种残忍，但我知道总有一天他必须独自面对疾病。既然我是母亲，就应该及早教会他生病。

“假如你最终也找不到爸爸呢?”“那我就忍着。反正你们早晚会回家。”儿子说。“有些病是不能忍的，早1分钟治疗早好。得了病以后，最应该做的事是去医院。”“妈妈，你的意思是让我今天独自到医院去看病?”虽然在病中，孩子依然聪明。“正是。”我咬咬牙，生怕自己会改变主意。“那好吧……”他扶着脑门说，不知是虚弱还是在思考。

“你到外面去叫出租车，然后到医院。先挂号，记住，买一个本……”我说。“什么本?”他不解。“就是病历本。然后到内科，先到分诊台，护士让你到几号诊室你就到几号，坐在门口等。查体温的时候不要把人家的体温表打碎。叫你化验你就到化验室去，先划价，后交费。等化验结果的时候要竖起耳朵，不要叫到你的名字没听清……”我喋喋不休地指教着。“妈妈，你不要说了。”儿子沙哑着嗓子说。

儿子摇摇晃晃地走了。我内心里经历了一个艰难的过程，我后悔、责怪自己，在煎熬中时间慢悠悠地向前滑动。

终于，走廊上响起了熟悉的脚步声，只是较平日有些拖沓。我立刻开了门，倚在门上。“我已经学会了看病。打了退烧针，现在我已经好多了。真是件麻烦的事。不过，也没有什么。”儿子骄傲地宣布，又补充说：“你让我记的那张纸，有的地方顺序不对。”看着他，勇气又渐渐回到心里。我知道自己将要不断磨炼他，在这个过程中，也磨炼自己。

爱分很多种，孩子们需要的无疑是心灵的共鸣和满足。毕淑敏的儿子并不会因为妈妈的“残忍”而认为妈妈不爱自己，相反，这种为了锻炼孩子而采取的特殊方法会让孩子变得更加坚强，孩子自然能理解妈妈的一番苦心，并能在妈妈伟大的爱中健康地成长。

对于妈妈来说，藏起一半爱比给孩子尽量多的爱困难得多。其实妈妈给孩子爱，也是满足自我需求的一种方式，当妈妈能够爱孩子的时候，她是幸福的，而要她藏起一半爱，即是让她克制自我需求的满足，她是不愿意的，但为了孩子的未来，称职的妈妈都会选择有所收敛，因为孩子需要妈妈给他空间来磨炼自己的生存能力，自己的独立生活能力。

所以，为了孩子自立，妈妈请藏起一半爱。但是，藏起一半爱并不是减少一半爱，而是将爱融化在对孩子的培养中，融化在孩子一点点更自立、更自觉、更坚强的过程中。

不要为孩子安排好一切

莉莉的出生给爸爸妈妈带来了无限欢喜，爸爸妈妈都是高干子弟，而且晚婚晚育，年近40才生了莉莉，所以，他们对莉莉千般宠爱、万般呵护。妈妈四处向专家咨询，给莉莉精心制定了营养的三餐；对给莉莉买的每一件衣服或是玩具都细心检查，生怕质量不过关影响孩子的健康；莉莉上的是最好的双语幼儿园，

3 岁就被送进画室学画画；为了莉莉有更多的时间来学习和学画，妈妈不让她做任何家务活，甚至连莉莉的鞋带都是妈妈帮忙系，书包也是妈妈帮忙背着。总之，妈妈帮莉莉安排好了生活和学习的一切，莉莉只要照着走就行，但是，娇生惯养的莉莉并没有比其他孩子出色很多，在学校时总是有些畏畏缩缩，体育课上要跳高，她害怕大哭；老师让她起来回答问题，她总是害羞得说不出话；同学们下课打扫卫生，她总是支支吾吾不知所措，家里的娇小姐就这样在学校里慢慢地逊色下来。

这是许多中国家庭教育中极为平常的现象，妈妈为孩子安排好一切，忽视了孩子独立生活能力的培养。据某省的一份调查表明，孩子每周从事家务劳动的时间极少，18.72% 的学生根本不参加任何家务劳动；47.78% 的学生只参加 1 小时以下的家务劳动；60.12% 的学生不会洗衣服、做饭；54.75% 的学生上下学需要家长接送；41.19% 的家长是把洗脚水端到孩子面前的。

于是，生活能力低下，缺乏正常的与人交往、克服困难的能力，成为时下许多孩子，尤其是独生子女的共性问题。而这一切，都要归咎于妈妈长期包办了孩子的日常生活。妈妈不肯放手让孩子锻炼，不让孩子自己做决定，久而久之，孩子就养成了依赖妈妈的习惯，缺乏自立能力，也缺乏自我意识。

孩子一旦习惯了“饭来张口，衣来伸手”的生活，他们有大脑而不需要用，有手脚而不需要动，主观能动性就会丧失，养成懒惰、好逸恶劳的性格，并习惯了接受照顾，而不会照顾别人，不会为别人着想，缺乏同情心和社会责任感，这样的人，一旦进入社会肯定不会受到欢迎。

因为当今社会需要的不仅仅是有知识有文化的人，更需要德智体美劳全面发展的人，温室里成长的花朵即使再娇美，遇到社会的风浪终究会被摧残，而只有能屈能伸的坚毅杂草，才能经得起生活中的各种考验。所以，培养孩子的才能重要，培养孩子的生活能力更为重要。而孩子的生活能力，就是在他一点一滴的生活中锻炼出来的。因此，让孩子自己感受生活吧！不要代替孩子安排他的生活，他的人生终究要自己负责。

为了孩子的成长，对孩子照顾过头的妈妈们不妨做做“懒”妈妈，对待孩子时，记住以下几个不要：不要替孩子做一切家务活，剥夺他锻炼独立生活能力的机会；不要把自己的意志强加于孩子，剥夺孩子做自己的权利；不要对孩子监护过度，剥夺孩子的自由；不要给予孩子过度的保护，折断他应对挫折的翅膀；不要逼迫孩子追求成绩或是功名，把世俗功利的思想根植在他的心上；不要满足孩子不合理的消费要求，让他远离自制和节俭的美好品格；不要过早地给孩子准备资产，剥夺他自我创造的动力；不要替孩子解决一切困难，阻碍孩子磨炼坚强意志……

总之，不要为孩子安排好一切，对妈妈来说，是一种解脱；对孩子来说，是一种恩赐！

成为孩子可有可无的人物

12 岁的如如今年考上了重点中学，但这所学校是寄宿制的，如如在学校的表现让老师非常头痛，因为如如的生活自理能力实在太差了，一点动手能力也没有，还很胆小。如如不会自己洗餐盘，当其他同学洗完餐盘出去玩以后，她总是一个人在那里发愣，最后随便用水一冲就完事了，由于餐盘洗不干净，她吃坏了肚子；如如不会自己洗衣服，所以，她总是一件衣服穿很多天，脏了也不知道洗，总是堆积起来等周末妈妈来看她的时候让妈妈洗；如如甚至不会自己系鞋带，她的运动鞋从来都不系鞋带，或者直接穿没有鞋带的鞋，有一次她鞋带松开了，她没有系上，结果被绊倒了。

看着其他比如如还小的同学都能基本自理生活，班主任王老师很困惑：为什么如如的独立性这么差？王老师的这些困惑，在一天放学后得到了答案。周末放学的时候，妈妈来接如如了，只见如如开心地扑进了妈妈的怀里，说："妈妈，要喝水。"妈妈赶紧拿出水杯，拧开盖子，如如伸过手准备拿杯子，妈妈忙说："妈妈拿着，水有点烫。"于是妈妈一手拿水杯，一手扶着如如的头，小心翼翼地让如如喝完了水。妈妈帮如如拿着她的包、衣物等准备走时，发现如如鞋子的粘扣散开了，还没等如如弯腰，抱着一堆东西的妈妈已经蹲下去帮如如扣好了粘扣。王老师终于知道，如如动手能力差，完全是妈妈的过度照顾惹的祸，她觉得需要和如如的妈妈好好沟通一下了。

很多妈妈和如如的妈妈一样，为孩子打点一切，不少人成了"全职保姆"，孩子一离开妈妈就什么都不会。在妈妈过度的关爱下，不少孩子表现出很多问题：孩子自信心普遍较差，很多孩子明明有能力干好一件事，但往往在做事前就否定自己，认为这件事以前都是妈妈做的，自己做不好，这在一定程度上影响了他们的动手能力和主动性；有些孩子养成懒散的习惯，整天只想着过“饭来张口，衣来伸手”的生活，这大大挫伤了孩子的上进心和积极性；由于整天围着妈妈转，不少男孩在言谈举止上女性化倾向非常明显，缺少男孩应有的阳刚气概，这对孩子今后的性格、心理有很大的影响。

上述问题的根源，就是妈妈对孩子的过度呵护。这些妈妈已不单单是妈妈的角色，还扮演着保姆和教师的角色，也可以把她们看作孩子生活、教育等方面的全职保姆，她们在这些角色中的共同点就是呵护、包办，时间长了，孩子就成了一个被圈养的宠物，根本不知道自己该干什么、能干什么。

随着生活水平的提高，部分妈妈有条件成为全职妈妈。一些妈妈之所以选择自己带孩子，除担心老人或保姆对孩子照顾、教育不好外，还想通过和孩子的长期接触培养与孩子之间的感情，让孩子感受到妈妈的爱，这个出发点是对的。

但孩子 3 岁之后，需要有自己的生活和交际圈，需要跳出妈妈的陪同式呵护，否则不但易导致性格变异，而且会造成视野狭隘。此外，3 岁之后正是孩子独立意识迅速发展的时期，如果妈妈还包办一切，就会使孩子的自理意识和能力慢慢丧失。

如果孩子没有从小形成自理意识和能力，这对于孩子的终身发展来说是极为不利的。因为妈妈不能无微不至地照顾孩子一辈子，孩子的人生需要孩子自己去面对，培养孩子的独立性和自理能力，才是妈妈对孩子最好的照顾。正如美国权威教育博士詹姆斯告诫母亲一样："依赖本身就滋生懒惰、精神松懈、懒于独立思考、易为他人左右等弱点。所以说，处处对孩子包办代替，这不是帮助孩子，而是在坑害孩子。"

其实，孩子有很大潜力，就像植物一样能够自长，妈妈只需要给他们提供环境和条件。妈妈不要包办孩子的事情，不要让孩子完全依赖你，而是引导他走独立的道路，那么，深藏在孩子内部的各种潜能就能充分发挥出来。所以，明智的妈妈，不是那些孩子完全依赖的妈妈，而是那些孩子可有可无的人物。

过度的保护妨害了孩子的自立

贝贝今年7岁，她喜欢到小区公园里和小朋友玩，但是妈妈不放心她一个人去，总是跟在贝贝身后，谨防她受伤。贝贝想和小诗一起玩荡秋千，两人商量好互相给对方推秋千，可是妈妈不同意："不行，你帮小诗推的话，会推不动，而且容易被秋千撞到，小诗帮你推的话，你容易掉下来，还是妈妈来给你们俩推吧！"贝贝和小诗安静地坐在秋千上，让妈妈大力把秋千推高些，但是妈妈不同意，她害怕孩子掉下来。

每一次玩荡秋千，都是妈妈帮贝贝轻轻推，但有一次妈妈没在家，贝贝一人来跟小朋友玩，大家用猜拳来决定输家推秋千。贝贝输的时候，她根本不会推秋千，不仅力气太小，而且经常自己被秋千撞到，而她赢的时候，坐在小朋友推的秋千上紧张得要命，她不习惯秋千飞得那么快那么高，她哭着喊："妈妈，我害怕啊!”小朋友都取笑她，那么大了还这么胆小，那么胆小还玩什么秋千啊!

有些家长，对孩子处处不放心，不放手。本来是孩子可以自己做的事，妈妈替他做了，这就剥夺了孩子的亲身体验，剥夺了孩子发展能力的机会，也剥夺了孩子的自信心。

关爱孩子是每个妈妈的本能。不少妈妈对孩子百般呵护，她们都是慈母，为了孩子，自己可以牺牲一切，包括金钱、面子、时间和个人利益，然而，这样的慈母很可能是残忍的母亲。

两位妈妈乘假日带孩子出外游玩。两个孩子争着去放风筝，女孩用力一扯，风筝破了，男孩很生气，一巴掌就扫过去，女孩立刻哭了。这时，男孩的妈妈脸色一变，就像触电一样从座位上弹起来，女孩的妈妈连忙把她拉住。男孩的妈妈急得脱口而出：“你真残忍!”女孩的妈妈却笑着说：“你才残忍!”

到底谁残忍呢?男孩的妈妈说：“你眼看着孩子被打，哭了，身为母亲，不去呵护，还阻止我去干预，这不是很残忍吗?”

女孩的妈妈却说：“孩子争吵算什么?被打一下，也没受伤，为什么不让他们自己去解决呢?”

两位妈妈这时望向孩子，只见他们一同跑过来，说：“妈妈，风筝破了，你能把它做好吗?”

女孩的妈妈对爱孩子的理解是：提供机会让孩子学习与人相处及解决问题的能力，使她以后能独立生活，所以要提供她面对困难、亲自解决难题的空间。相反，对孩子太多干预，替他安排一切，帮他解决一切难题，这样一来，孩子失去了学习的机会，将来怎能做事？怎能生活呢？所以对于孩子，过度表达慈爱并非真爱，而是残忍。

这是有心理学依据的。孩子们在一起，争争吵吵是难免的，但是他们很快就会自己解决。孩子们就在这种争争吵吵、哭哭笑笑的过程中不断成长，学会了处事和做人。

有些妈妈可能要质疑这个说法，认为："这不是抛开孩子不管吗？在孩子有困难的时候，让他失去依靠，让他感到孤立无助，哪个妈妈忍心啊？"

这就是上面两位妈妈的争论：谁才是真残忍的问题了。为什么呢？让孩子在遇到困难的时候，立刻感到"失去依靠""孤立无助"，不正是身为妈妈的你造成的吗？不帮助孩子养成面对困难独立思考解决困难的办法，他习惯了依靠，习惯了被保护，将来在现实生活中失去了妈妈这根支柱，立刻陷入孤立无助，没有了解决问题、自我保护的能力，你叫他怎么办？这种不顾及孩子未来发展的爱，不就是害吗？

美国人给这类真残忍的妈妈取了个好听的名字，叫"直升机妈妈"。因为这类妈妈就像坐在一架直升机上，一直在孩子的头上盘旋，只要看到孩子发生什么事，就立刻空降在他面前，替他解决一切困难。这些"直升机妈妈"怕孩子受累受苦，怕孩子吃亏上当，所以总是抢在第一时间来替他排忧解难。这样做的结果，孩子当前是无忧无难了，以后长大了怎么办？台湾人给这类孩子也取了个很好听的名字，叫"草莓一族"。新鲜的草莓，嫣红可爱，但一磕碰就皮伤肉烂，惨不忍睹。

的确，对孩子过度的保护会成为一种伤害。孩子在成长的过程中必须经历一些磨难，这是一种规律。“酸甜苦辣都是营养，生活百味都要体验。”如果把磨难和体验全部省略了，一切都替孩子包办，看上去是顺利了，是舒适了，结果却使孩子软弱而闭塞，胆怯而无能。现在有一种现象，叫“30岁儿童”，都到了而立之年，凡事仍不能自立，没有长辈陪在身边就惶惶不可终日。相信所有的妈妈都不希望自己的孩子是这样一种成长状况，那你就切记：关爱不要太多，保护不能过度。

自觉自动既成就了孩子，又解脱了妈妈

菲菲已经是小学二年级的学生了，是一个可爱的小姑娘。但是，这个可爱的小姑娘却非常粗心，她做作业的时候从来不检查，总是把很简单的题目做错。每次菲菲写完作业，就对着妈妈叫道：“妈妈，我写完了！”然后，把作业本、文具盒往桌子上一扔，就匆匆忙忙离开桌子，打开电视或者跑到外面去玩。接着，妈妈就帮菲菲收拾书桌，把课本、文具等收拾到书包里，然后再将菲菲的作业从头到尾检查一遍，用铅笔把错误的题目勾出来，再叫菲菲来改正。对于妈妈指出的错误，菲菲从来不问为什么，想一下就拿起笔来改，因此，她改过的题目经常还会出现错误。这时，菲菲就会不耐烦地嚷道：“妈妈，到底应该怎么做呀？”妈妈见菲菲不肯动脑筋，一边抱怨菲菲不自觉认真学习，一边只得

把正确答案告诉她。

生活中有很多像菲菲一样的孩子，他们好像一个傀儡一样，不会独立检查作业，不会独立收拾自己的书包，也不会自己思考错题的改正方法，好像没有自己的思想一样。妈妈们会抱怨他们不自觉，但其实应该是孩子抱怨妈妈管太多。因为妈妈把检查作业、收拾书包的工作都代劳了，才养成孩子不自觉的习惯。

孩子刚出生的时候，生理和心理的各项功能都还没有发育成熟，他无法独立生存，需要依靠他人的照顾。但随着孩子身心发育的健全，他学会了爬行、学会了走路、学会了说话、学会了自己出门、学会了与人交往……孩子学会的东西越来越多，他能学会的还有更多，但是，在许多妈妈心里，孩子再大也是自己的孩子，她们已经习惯了无微不至地照顾孩子：给孩子喂饭、帮孩子洗脸、帮孩子收拾书包、帮孩子做作业……基本上能帮的都帮了。在这种情况下，孩子能学会自觉吗？他从未尝试过自己做自己的事情，怎么会平白无故地学会自觉呢？即使他一时兴起自觉做了某件事，但是习惯于依赖妈妈的他自然会觉得做事情很费劲，还不如让妈妈做好。久而久之，孩子越来越依赖妈妈，越来越懒散，而离自觉就越来越远。

实际上，不自觉对于孩子的成长是很不利的。对于孩子的终身素质来说，独立性是最重要的素质之一，而不自觉的孩子完全依赖妈妈，无法独立生活。所以，明智的妈妈应该从孩子的长远发展来看，让孩子从小就做一些力所能及的事情，注意从生活的各方面来培养孩子的独立性，对孩子进行自主教育，逐渐养成孩子的自觉意识和习惯。

自主教育的内容是从孩子的实际情况出发，调动孩子的内在积极性，发掘其潜能。美国著名教育心理学家赫施密特指出：“自主教育实现的是受教育者和教育者的合一，使教育的对象成为主体，由于自身掌握了主动权，个人将在发展的过程中拥有无穷的力量和智慧。如此，不仅使受教育者的潜能得到极大的开发，而且使教育者得到身心解脱。这里的关键在于，教育者必须掌握以一驭万，能够真正诱发受教育者主动性的策略。”

然而，自主教育中的教育与被教育的关系并非固定不变的。在自主教育的前期，妈妈是主要的教育者，到了后期，当孩子已经掌握了方法并将之应用到自己的生活中，孩子就发生了转变，从实质上变为自主教育的自觉者，这时，他们会自觉主动地去求职学习，在某些时候，他们的独特见解和新的发现甚至会影响妈妈，反过来使作为教育者的妈妈受到启发。

所以，激发和引导孩子自觉主动，妈妈不需要付出太多时间和精力，就可以培养出成功的孩子，就可以更轻松地成为成功的妈妈！

妈妈不帮忙，孩子才能学会自己照顾自己

有的妈妈抱怨说，我家孩子就是太懒了，什么事情都不愿意动手。说这种话的妈妈，往往是什么都已经替孩子做好的。

正是因为这些过于勤劳的妈妈，才有了太懒惰的孩子们，不知道照顾自己，上大学了才第一次洗袜子、叠衣服。妈妈不松手，孩子怎么独立呢？台湾绘本画家几米说：“大人一边嘲笑别人的孩子是温室的花朵，一边又把自己的孩子培养成温室的花朵。”什么事情都帮着做完了，孩子还能做什么？

小蜗牛爬到妈妈身边问：“妈妈，为什么我们一生下来就要背负这个又硬又重的壳呢？”

蜗牛妈妈答道：“傻孩子，因为我们的身体没有骨骼的支撑，只能爬，而又爬不快，所以需要用这个壳来保护！”

小蜗牛不解地问：“那毛毛虫哥哥也没有骨头，也爬不快，为什么它不用背这个又硬又重的壳呢？”

蜗牛妈妈说：“因为毛毛虫哥哥能变成蝴蝶，到那时天空会保护它啊！”

小蜗牛还是忍不住问道：“可是蚯蚓弟弟也没有骨头，也爬不快，也不会变成蝴蝶，它为什么不背这个又硬又重的壳呢？”

蜗牛妈妈耐心地答道：“这个呀，因为蚯蚓弟弟会钻土，大地会保护它啊！”

小蜗牛听到这里哭了起来：“妈妈，我们好可怜，天空不保护我们，大地也不保护我们！”

蜗牛妈妈笑着安慰道：“孩子，所以我们有壳呀！我们不靠天，也不靠地，我们靠自己来保护自己。”

孩子必须知道，不依赖别人，自己保护自己才是生存之道。

当孩子不愿意靠自己的时候，不妨把小蜗牛的故事讲给他听，让他开始思考自己要做一个怎样的人。

有个年轻人去微软公司应聘，而该公司并没有刊登过招聘广告。看到总经理疑惑不解，年轻人用不太娴熟的英语解释说自己是碰巧路过这里，就贸然进来了。总经理感觉很新鲜，破例让他一试。面试的结果出人意料，年轻人表现糟糕。他对总经理的解释是他事先没有准备，总经理以为他不过是找个托词下台阶，就随口应道："等你准备好了再来吧。"

一周后，年轻人再次走进微软公司的大门，这次他依然没有成功。但比起第一次，他的表现要好得多。而总经理给他的回答仍然同上次一样："等你准备好了再来吧。"就这样，这个年轻人先后5次踏进微软公司的大门，最终被公司录用，成为公司的重点培养对象。

年轻人以自己的努力和坚毅品质争取到了就业机会，成为公司的重点培养对象，靠自己的拼搏走上了事业成功的道路。有多少孩子能够像这个年轻人一样，一直坚持到第五次呢？很多孩子都是受了一点儿气，就委屈地走了，在家里发一通脾气，弄得大人莫名其妙，不知道孩子出了什么问题。妈妈平常让孩子养成凡事依靠自己的习惯，自己收拾、打扫房间，挂好自己的衣服，吃完饭收拾桌子和洗碗；学习上遇到了困难要开动脑筋、多思考，不要动不动就去问别人；妈妈工作忙的时候要学会做饭等。生活中的点点滴滴，都可以当成锻炼自理能力的机会，不能再事事由妈妈出面解决。

让孩子独立做事情，并不会让孩子产生妈妈不爱他的想法。如果是力所能及的事，孩子其实是愿意尝试的。如果他表现出为难的情绪，妈妈先不要代替他，而是多多鼓励他，让他尽快尝试第一件事情，那样他就能很顺利地独自做下一件事情了。不要再事无巨细地给孩子做事情，让他们自己动手吧，那样他们才能成长。

偶尔让孩子当一次家

让孩子当一次家不仅可以锻炼孩子解决问题的能力，还能让孩子获得一定的能力和技巧，这不仅是一次道德教育，也是领孩子走进一个广阔无垠的、惊人的、丰富的思想世界。

根据一项抽样调查显示，某个城市的高中生近 6 成起床不叠被子；5 成从不倒垃圾，也不扫地；7 成不洗碗，不洗衣服；9 成从不洗菜做饭。还有部分高中生什么家务也不做，个别高中生连整理书包还要妈妈代劳，更别说给他一次当家的机会。

针对孩子做不了家务，当不了家的情况，一些妈妈给出的理由是：他还只是个孩子，他现在的任务就是学习，这些事等他长大了再学做也不迟。

这些妈妈的一片苦心，使孩子们不仅不会做家务，还养成了衣来伸手、饭来张口的习惯，以为别人为自己做什么都是应该的，却不知道自己也有关心与帮助别人的一份责任。

独立生活能力差，是当前我国儿童普遍存在的问题。究其原因，大多归之于独生子女。其实在西方发达国家，许多家庭也是独生子女，但他们对待孩子的态度与我国的妈妈很不相同。

孩子小时，正是孩子品性形成与发展的重要时期，极具可塑性。孩子虽小，却也具有独立的人格，也是家庭中的一员，妈妈应该适时教育，加以指导，让孩子在家里承担一定的责任。

有一个懂事善良的小孩子，名叫曼丽。在她8岁的时候父亲过世了，陪伴她的，只有母亲和一个2岁大的妹妹。

她很希望能帮上母亲的忙，因为母亲挣的钱总是难以养家糊口。

一天，曼丽帮着一位先生找到了他丢失的笔记本，于是这位先生给了她10美元。

曼丽把钱放到一个谁也找不到的地方。她母亲一直教育她要诚实，绝不能拿任何不属于自己的东西。

她用这10美元买了1个盒子、3把鞋刷和1盒鞋油，接着她来到街角，对每位鞋不太干净的人说："先生，能让我给您的鞋擦擦油吗!"

她是那样彬彬有礼，因此人们很快都注意到了她，并且十分乐意让她替他们擦鞋油。第一天她就挣了50美分。

当曼丽把钱交给母亲的时候，母亲情不自禁地流下了热泪，喃喃地说："你真是一个懂事的好孩子，曼丽。我以前不知道怎样才能赚更多的钱来买面包，但是现在我相信我们能够过得更好了。"

从此以后，曼丽白天擦鞋，晚上到学校上课。她挣的钱足以负担母亲和妹妹的生活了。

俗话说：“穷人的孩子早当家。”穷人家的孩子，由于家境贫困，从小就经历了痛苦和磨难，因而较早地体味到生活的艰辛，从而更加珍惜现在，努力创造未来。

其实，孩子能否早日当家，并非只取决于家境，而是看他有没有经受过锻炼的经历。我国古人也指出：“父母之爱子，则为之计深远。”因此，对妈妈而言，只有立足于现在，适时地让孩子吃点儿苦，才能帮助孩子将来早当家。

妈妈为了孩子将来能更好地适应社会，让孩子了解妈妈的辛苦与不易，在孩子上小学高年级或初中时，周期性地让孩子当一天（或两三天）家，是一个行之有效的办法。

妈妈可以找一个周末，让孩子为第二天的生活与活动安排做一个预算与计划，然后从第二天早上起床开始，就由孩子上岗指挥与组织一天的家务与游玩。妈妈则在孩子指挥下加以配合，需要多少钱，买什么菜，到哪里玩，坐什么车，走哪条路线，均由孩子来筹划。

妈妈要放手、信任，不要干预，即使孩子安排得不是最合适，也不要当即否定，而是等第二天再与他一起总结，先让他自己提出改进意见，然后再补充。相信孩子对这样的活动定会兴致很高，也会十分用心和负责任，快乐与收获定会出乎你的意料。

孩子的前途不用你规划

对于孩子来说，最幸福的事情，不是妈妈为他的人生安排好一切，而是不在妈妈干涉的情况下做自己喜欢的事情。孩子不是妈妈的私有财产，他们也有自己的个性，有自己的思想，做妈妈的不能把自己的意志强加给孩子，这样只能让孩子在痛苦中丧失自己。一个聪明的妈妈更不能让虚荣心控制自己的言行，为了自己的名誉去教养孩子，甚至设计孩子的人生道路。

在现实生活中，很多妈妈常常对孩子感兴趣的事情不屑一顾，甚至大泼冷水。她们总是勤奋过头，越俎代庖地替孩子决定他们的兴趣，他们的人生。这样的妈妈，常常压制了孩子的天赋和特长，使得孩子的生活和自己的生活都不称心如意。如果妈妈能够体谅孩子的心，让他全身心地去做，那么他一定能给家长带来巨大的惊喜。

有一位黄女士，她的两个儿女都在美国读博士后。在谈及成功教育子女的经验时，她说最大的体会是：不要带着虚荣和功利的心去教育孩子，不要按照自己的喜好替孩子规划前途，要多陪孩子做孩子喜欢的事情，注意尊重孩子的个性。

她的女儿小时候喜欢天文，尤其对星座特别感兴趣，所以她常常半夜陪女儿看星星。对此许多父母不以为然，这么晚了还不睡觉，看什么星星！但是，她不管多困、多累，一定会亲自陪女儿出去，并耐心注视着星空给女儿讲解，有时和女儿谈一些日常琐事和人生哲理。她的女儿后来考取高能物理博士，这其中就有她的一份功劳！

黄女士的儿子到美国念地球物理后，她想办法经常做一些孩子喜欢的事情。虽然不在一起，但她希望依旧让儿子感觉到她的支持。每当黄女士发现报刊上有与地球物理相关的报道时，便剪下来，传真或者寄给儿子。

黄女士是一个令子女骄傲的妈妈，她用最朴实的行动支持着孩子做自己喜欢的事情。

在养育孩子的过程中，妈妈要摆正自己的心态，不要为了教育成功而教育，那样被虚荣摧残的花朵不会正常地开放，反而会过早凋谢。不要为了自己的喜好而强加给孩子一个他不喜欢的人生，这样被束缚的孩子，不会健康成长，反而更易被摧毁。只有尊重孩子，让孩子做自己喜欢的事情才能培养出优秀的孩子。只要妈妈能去培养孩子的兴趣，陪他做喜欢的事情，去发展他的兴趣，就能使孩子走上一条快乐的人生之路。

“自己的事情自己做”不能是句空口号

从幼小时学做一些力所能及的、切身的、简单的劳动，在生活中逐步养成爱劳动、爱整洁、有条理的生活习惯，对孩子一生会有良好的影响。另外，孩子在自我照顾时，总是通过视觉、触觉等各感官来感知事物，探索窍门，通过做能想出各种办法，大脑和身体都得到了锻炼，人就会变得聪明。所以，妈妈要重视培养幼儿“自己的事情自己做”的好习惯，这是对孩子最有益的锻炼。

当然，让孩子“自己的事情自己做”，也要视孩子的能力来定。不同年龄的孩子能自己做的事情是不一样的。3岁幼儿会用汤匙自己吃饭，穿脱袜子，扣纽扣，把玩过的玩具放在固定的地方。4岁幼儿开始学刷牙，洗手洗脸，擦鼻涕，洗手帕，饭后擦嘴，自己穿脱衣、袜、鞋，系鞋带，搬小椅子，帮大人拿递小物件。5岁幼儿会用筷子吃饭，能够收拾自己的抽屉，折叠晒干的衣服，叠被子，在家里能完成大人交给的临时任务，进了幼儿园学做值日生。6岁幼儿生活基本自理，很少需大人帮忙。他们为集体做事十分负责，乐意帮助大人做事。他们常以自己能独立地克服一定困难，把某件事做好而感到愉快和满足。妈妈要根据孩子的成长情况来循序渐进地放大孩子自己做事的范围，既不要超过孩子的负荷，也不要小看孩子的实力，限制孩子的发展。

在培养孩子“自己的事情自己做”的习惯的时候，妈妈一定要有足够的耐心和信心，不要看着孩子在穿衣服或鞋子，穿了半天没穿好，就冲到他面前，边数落边快速地帮孩子把鞋穿上，要知道孩子的动作都是慢的，因为这个世界对于他们来说就是新的，大人看上去很简单的东西，对他们来说则不是，都要去学，反复练习才能做到。所以，妈妈们要有足够的耐心，给予孩子练习的时间和空间。

当孩子做好自己事情的时候，妈妈应该给予孩子奖励，但不能是物质的，最好是行为上表示赞许，比如摸摸他的头、冲他笑一下，或者给他一个大拇指，这就够了。孩子从你的表情、动作就可感知你的鼓励。

另外，妈妈可以给孩子一个独立的、可以自由活动的小房间或者小角落，在这个属于孩子的空间里，应该让孩子自己来布置、设计，包括选择书桌、书柜、玩具、图书、装饰品及各种学习用品等。允许孩子在自己的空间里做一些自己感兴趣的事，比如，养几盆花，养几条金鱼，等等。让孩子能够独立地支配自己的小天地，让他觉得自己是个小主人。

孩子独立自主的习惯，就是在生活的点点滴滴中养成的，妈妈光是口头上对孩子灌输理念，是没有多大功效的，“自己的事情自己做”很可能只被孩子当成一句歌谣或是口号，只有让孩子通过实践摸索才能培养他勤劳自立的好习惯！

孩子的可塑性很大，早早训练他们的生活技能，能充分发挥他们的天分，孩子越能独立做事，他的自信心就越强，而自信心是每个孩子走向成功最不可或缺的因素。所以，从小事做起，从小开始，培养孩子“自己的事情自己做”的习惯吧！

第四章

阳光心态是妈妈给孩子受用一生的礼物

心灵的健康和身体的健康一样重要，快乐的分值比学业的分值更加可贵。因此，衡量一个妈妈是否是好妈妈，关键是看她的性格而不是学识。乐观开朗的妈妈，给予孩子一个幸福阳光的心态，胜过学富五车的妈妈给予孩子一个漂亮的成绩。

幽默感不是爸爸的特长

作为一个孩子的妈妈，著名喜剧演员宋丹丹深知离婚不仅仅会给自己的心灵造成莫大的伤害，对孩子的伤害更大。宋丹丹的婚姻解体后，儿子先是随父亲，后来父亲再娶，宋丹丹又把抚养儿子的权利争取回来。因为，她不想给孩子的生活造成什么阴影，留下永久的遗憾。她深知父母的离异除了让孩子害怕和不安，没有别的。

于是宋丹丹开始对儿子进行细心的教育，为了让巴图心中无恨，装满爱，她让儿子帮她决定再婚的对象，条件是要爱她也爱他的。宋丹丹就像《家有儿女》中的妈妈那样，再婚后以自己的聪明和幽默促成了巴图和继父之间的亲密感情。后来，儿子就成了再婚家庭中的情感大使，始终明亮，快乐，幽默，不但爱妈妈，爱继父，还爱继父的女儿，一个跟他没有血缘关系的小姐姐。

都说后妈难当，但宋丹丹这个后妈却当得很有水平，当出了境界，竟使没有血缘关系的女儿与她的感情好得不能再好。在宋丹丹看来，这是老天注定的母女缘。尽管母女两个没有血缘关系，但是女儿的乐观和妈妈的幽默在生活中配合得相当默契。

在生活中，如果女儿提出了什么无理的要求，要买一个多么贵的东西，宋丹丹一样坚决不给买时，女儿就会嘻嘻哈哈地说："你瞧，到底不是亲妈。"每当听到这句话，宋丹丹常常一笑置之。她觉得这是最亲近的话语，说明女儿跟自己一点隔阂都没有。

在宋丹丹细致的呵护和独特而理性的宽严适度管教下，儿子和女儿在特殊的成长环境中，却学会了爱，学会了宽容，都长成了快乐的富有幽默的青年。

宋丹丹就是这样在一个重组的家庭中发挥了自己幽默的智慧，将各种矛盾化于无形并且为孩子成长托起了一片天。所以，现代的妈妈必须像宋丹丹那样，用幽默的智慧轻松的语言来教育自己的孩子，让其在如沐春风中健康成长。此外，妈妈也必须把这种幽默的智慧传达给孩子，因为幽默是现代社会交往的有效通行证。

幽默的语言往往给人以诙谐的情趣，又使人在笑意中有所领悟，因而幽默往往是缓解紧张、消除畏惧、平息愤怒的最好方法。孩子从小学会这种智慧，长大后就会在社交中游刃有余。

一位美国州议员有一次参加会议，主席台上另一个州议员在做一篇很漫长的演讲，他觉得对方占用的时间太长，就走到对方跟前低声说："先生，请你能不能快点……"话未说完，那个正在演讲的议员便回过头来，用严厉的口气低声呵斥道："你最好出去。"然后继续其演讲。这个议员觉得受到了别人的侮辱，他顿时怒气冲天，迫不及待地想报复，但一时又找不到什么方法。于是他就去当时任麻省议会主席柯立芝那里申诉："柯立芝先生，你听见某某刚刚对我说的话了吗？""听见了，"柯立芝不动声色地答着，"但是，我已经看过了有关的法律条文，你不必出去。"

这种回答实在是太聪明了。柯立芝把那位议员的愤怒当成了玩笑。他不让自己卷入这种儿童式的争吵的旋涡中去，就是因为他能看出这种无聊的争吵的幽默之处。因此，妈妈要让自己的孩子明白：机智的人不仅善于以局外者的身份化解与他人的争吵，更善于化解在与人交往时因发生矛盾而出现的僵局。

弗洛伊德说："最幽默的人，是最能适应的人。"在生活中孩子也会面临许多尴尬的时刻，在那一瞬间，他们的尊严被人有意或无意冒犯，或者被喜欢恶作剧者当众将了一军。此时，孩子们就会感到自己丢尽了脸面，无地自容。如果能从容自若地谈笑如故，就会幽默地将伤自己脸面的难题一一化解。

孩子长大后还会面临求学、工作、住房、购物等方面的问题，往往要与人交涉。孩子学会在交往中适时地表现幽默，他们做事情成功的概率一定会大大增强。

妈妈要学会掌握幽默这种智慧。在生活和教育孩子的过程中，总会遭遇无数的痛苦、悲伤以及困苦，如果你善于运用幽默的力量，能够主动地创造幽默，那生活一定会充满欢笑。孩子也会在一种愉悦的氛围中健康成长，与此同时，孩子也能从妈妈身上学到这种处世的智慧，在面对别人的一些不适当的言行，处处针锋相对时，也会运用幽默的力量，打破紧张的局面，使自己和对方各种各样不愉快的心情，顷刻间烟消云散。

将快乐这种生存能力传递给孩子

韩国 18 岁少女喜儿弹奏的钢琴曲非常动听，吸引了不少听众。

喜儿的双腿比正常人短，而且每只手上只有两根手指头，她并不聪明，只有 7 岁小孩的智力。但这个少女似乎对自己的命运很满意，她丝毫没有察觉自己的缺陷，还经常面带微笑和别人交流，而且非常刻苦地练习弹奏钢琴。在她看来，正是因为自己只有四根手指头，所以很多人才喜欢听她演奏，她觉得幸福极了。

她喜欢自己，接纳自己，丝毫不在意旁人怪异的目光。这种健康快乐的心态取决于她有一位懂得教育的妈妈。

曾经有记者采访喜儿的妈妈："当您第一次看到孩子的手指

时，您是什么感受？”

妈妈说：“我觉得我们家喜儿的手指很漂亮，当她晃动两根手指时，就像绽放的花朵一样美丽，我经常对喜儿说：‘宝贝，你的手指真漂亮，咱们换手指，好吗？’”

喜儿的妈妈丝毫不在意别人对喜儿的评价，她总是不停地告诉喜儿：“你的手指是世界上最漂亮的手指。”因此，喜儿丝毫没有被身上的缺陷所伤害，她总是快快乐乐的。

喜儿快乐的妈妈传达给孩子的不仅仅是一种快乐的情绪，更是一种积极的快乐的生存态度。她凭借这快乐的态度演绎出自己的精彩。

观察一下你身边，就可以发现，那些阳光自信、充满乐观情绪的孩子，几乎无一例外地都拥有一位极其疼爱他们并乐于赞美的妈妈。爸爸的爱或许更多的是含蓄与深沉，它在潜移默化中教会孩子形成正确的价值观与良好的品性，而妈妈的爱与热情，正好将这种力量激发出来，使之发挥出最大价值。女人天生有善于表达情感和想法的特质，这让妈妈更易于夸奖孩子、关注孩子情绪的变化、在意孩子心情是否愉快等，并且会把快乐的心态传达给孩子。

生活中难免会遇到许多不如意，环顾身边的人，聪明能干的人不少，却很少有生活得十分快乐的。他们不是对生活不满，便是在追求许多东西的过程中丧失了快乐。快乐的人也许不是出色的人，但却是掌握人生要义的人。他们知道怎样热爱生活，怎样让生命更有意义。他们可能生活得很平凡，但却有滋有味。

拥有快乐的人是这个世界上最富有的人，所以妈妈应该将快乐这种心态植入孩子的心。

正所谓："人生不如意者，十有八九"，在生活里，当孩子遇到不能改变的困难时，妈妈就要告诉孩子改变自己的心态，让他们给自己装一个"快乐引擎"，让他们从日常平凡的生活中寻找和发现快乐，就一定会获得幸福。因为大多时候，"快乐"并不是别人带给你的，也不会凭空从天上掉下来，而是靠他们自己去寻找。

妈妈们都是一个魔法公主，她们凭自己的努力能让孩子在生活中找到自己的快乐。下面教您几种调制快乐的方法，在日常生活中传达给孩子。

妈妈在日常生活中，要引导孩子不要害怕改变。快乐的人不害怕生活中的改变，他们甚至会离开让自己感到安逸的生活环境，去寻求全新的生活感受，从来不求改变的人自然缺乏丰富的生活经验，也就难以感受到快乐。

妈妈要让孩子懂得，不抱怨的人才会有快乐。快乐的人并不比其他人拥有更多的快乐，只是因为他们对待生活和困难的态度不同，他们从不问"为什么"，而是问"为的是什么"，他们不会在"生活为什么对我如此不公平"的问题上做长时间的纠缠，而是努力去想解决问题的方法。

友情是生活中的快乐元素之一，懂得感受友情的孩子才幸福。一个人如果没有朋友的友谊，就会感到孤独寂寞，不可能有更多的欢乐。因此，人的生存需要有朋友和朋友的友谊。当遇到不愉快的事情或矛盾时，要多和朋友交流，商讨解决问题的办法。闲暇时，也可和朋友做一些有意义的活动，充实生活。事实证明，真正的友谊会给你带来幸福和快乐。

快乐很简单，简单生活的孩子更能抓住快乐的尾巴。时下有一个非常流行的理论，得到了广泛的认同。这个理论把天下所有的事分成了三件事：一件是“自己的事”。诸如，吃什么东西、开不开心、要不要帮助人……自己能安排的事皆属之。另一件是“别人的事”。诸如，小王好吃懒做、老张对我很不满意、我帮助别人，别人却不感激……别人主导的事情皆属之。第三件是“老天爷的事”。诸如，会不会刮风、下雨、地震、发生战争……人能力范围以外的事情，都属于老天爷的管辖范围。人的烦恼就是来自：忘了“自己的事”，爱管“别人的事”，担心“老天爷的事”…… 要轻松自在很简单：打理好“自己的事”，不去管“别人的事”，别操心“老天爷的事”。让你的孩子记住这个理论，他们的生活就会简单许多，生活越简单，他们就越快乐。

让孩子经常快乐，培养孩子快乐的性格

孩子在楼下玩耍，妈妈在旁边使劲催促：“好啦，疯玩什么，快点回去做作业。”晚上，看着孩子在灯下熬夜做作业的辛苦样子，妈妈就说：“孩子，好样的，‘吃得苦中苦，方为人上人’。”

现实生活中我们常常看到这样的情景。其实，这是一种非

常不健康的心态。因为持这种心态的妈妈大多认为：童年是不重要的，快乐是不重要的。其实她们错了，让孩子学业有成、事业成功并非家庭教育的最大目标。成功，并不等于幸福、快乐。排在成功前面，还有个更大的目标，那就是“让孩子感觉快乐”！这是家庭教育的最高境界，也是我们为人的最高境界。

孩提时代，理应是一个充满梦想和快乐的时代。所以，作为妈妈，一个很重要的任务就是让孩子不断地感受幸福和快乐。

要知道，妈妈最应该给予孩子的重要礼物就是“快乐”。快乐是一生的财富，快乐的人能够以轻松的心情来迎接未来的挑战，快乐的人能以理智的方法来解决问题。美国儿童心理学家经过多年的研究发现，注意培养孩子快乐的性格，有利于孩子的健康成长。

那么，怎样才能让孩子经常快乐呢?

1. 妈妈要注意培养孩子对快乐的体验。在每一件小事上，妈妈都可以询问孩子的感觉，如高兴不高兴，为什么。例如，出去玩的时候问孩子：“你喜欢出来玩吗？高兴吗？”另外，妈妈也要经常把自己的体验告诉孩子，例如，“你能帮妈妈做家务，我很高兴。”

2. 让孩子有机会享受“不受限制”的快乐。在家里，妈妈辛辛苦苦好不容易把屋子收拾得干干净净的，而且周围的邻居又喜欢安静。孩子一旦开始喊叫、跳跃，妈妈便会想办法制止，孩子只好越来越乖。表面上，是妈妈管教有方，但由此带来的是，孩子的热情和活力在一点点丧失，孩子的心灵也感受到了压抑。但孩子毕竟是孩子，他们需要带着童真的想象力尽情地玩耍，需要有时间去打雪仗、蚂蚁搬家一这些按照孩子自己的步伐去探索世界的活动，更能给他们带来真正的快乐。有些事情大人觉得没意思，孩子却很喜欢，大人认为孩子会喜欢的东西，孩子得到了却并不高兴。有的妈妈给孩子买很贵的玩具，孩子却宁愿玩水、玩泥巴、捉迷藏、过家家。所以，妈妈不要总把自己的好恶强加给孩子，要让孩子做他们喜欢做的事情。

3. 不要苛求孩子。孩子毕竟是孩子，各方面的能力有限，总有这样或者那样的不足。妈妈不可过于追求完美，如果妈妈总是对孩子表示不满和批评，会伤害孩子的自尊，使孩子失去自信。

4. 给孩子展示自己的机会。每一个孩子都有自己独特的天才和技能，展示这些能给他们带来极大的喜悦。“妈妈，我给你讲一个故事好不好？”这时即使你在厨房做饭，也要满足他的这个愿望，并适时地给予肯定：“你讲得真是太棒了。”要知道，能和你分享他喜欢的这个故事，他就会很快乐。孩子的热情能通过你的分享和肯定转化成良好的自尊、自信，而这些品质对他们一生的快乐都是最宝贵的。

5. 教孩子调整心理状态。妈妈可以为孩子指出前途总是光明的，使他在恢复快乐心情的环境中寻找安慰，积极调整好心态。那些经常快乐的人，并不是永远都心态很好的人，而是特别善于调整心态的人。

6. 密切与孩子之间的感情。在培养快乐性格的过程中，友谊起着重要作用，所以妈妈要加深与孩子的感情，鼓励孩子与同龄人一起玩耍，让他们学会愉快融洽地与人交往。

7. 保持家庭生活的美满和谐。家庭和睦，也是培养孩子快乐性格的一个主要因素。小的时候在美满幸福的家庭环境中长大的孩子，长大后性格也比较乐观开朗，对生活充满热情和希望，比在不幸家庭成长起来的孩子要快乐得多。

快乐的孩子容易成功，失败不能令他沮丧，烦恼也不会妨碍他继续追求成功。所以，妈妈应该给予孩子的最重要的礼物就是“快乐”。

伤心之事也要用美妙的语言解释给孩子听

莎莉上幼儿园的时候，她的爸爸妈妈离婚了。

一天，她的爸爸和妈妈整整坐了一夜，也说了一夜的话，或是因为莎莉太小没有记住。但有一句爸爸说的话她记住了：“你走吧，由我来向莎莉解释。”这意味着妈妈要走了。

莎莉的妈妈走了好几天了，莎莉每天都在等着爸爸所谓的解释。

也许爸爸把他说的话忘了，仍跟以前一样接送莎莉上学，给莎莉在学前班的家长手册上认真填写她又学会了生字，又听到的新故事以及纠正莎莉左手写字画画的情况。这些在莎莉的其他同学家里都是由妈妈来做的事情，在她家里却一直是由爸爸来做的。

每当莎莉的奶奶看到这些，就叹气地说莎莉的妈妈“心早就不在这里啦”，莎莉的爸爸就会用眼神制止奶奶，好像在隐瞒什么。但莎莉并不追问，莎莉相信总有一天爸爸会向她解释的。莎莉妈妈走了快一星期了，又是一个晚上，莎莉爸爸合起故事书，又给莎莉压了压被角，像又要给莎莉讲故事一样对她说："你一定听过很多天使的故事。"

莎莉的爸爸停了停继续说："每一个天使飞到一个地方，发现那里有人冷了，有人饿了，有人在受苦，有人需要她的帮助，她就会留下来当差，做他们的父母兄弟。如果一切都很好的话，不当差的天使就会放心地飞走，继续去找需要她帮助的人。

如果世界上的爸爸妈妈就是天使，是专门飞来照顾孩子，陪孩子一同好好长大的话，那咱们家里，爸爸一个人就能照顾好莎莉。所以，妈妈才放心地把莎莉留给爸爸，自己去了一个叫澳大利亚很远的地方，就像不当差的天使一样……"

莎莉当时很小，但她听明白了这是怎么一回事，那就是妈妈离开了。

这也是莎莉在以后的生活中，听到过的父母在孩子面前对"离婚"做出的最美、最好、最阳光灿烂的解释。

这是一种单纯形态的幸福，是人们在生活中苦苦追寻的，即使最大的幸福也无法比拟。只要我们解释得当，哪怕不快乐的事情孩子也会觉得很美好，不会在心里留下阴影。

每个妈妈都希望自己的孩子能拥有健康的心灵，在快乐中健康地成长，那么我们怎样做才能让孩子永远保持一颗快乐的童心呢？

1. 孩子的妈妈要想办法让孩子天天快乐。轻松愉快的情绪能使孩子顺利地进行各种活动，妈妈应使他经常处于一种兴高采烈的状态。妈妈要为他树立模仿的榜样，时时处处以自己乐观向上的情绪去感染他，让他生活在轻松愉快的氛围中。

2. 让他感到妈妈的可亲可敬。家庭内部民主平等的人际关系是他心理健康的“维生素”。尊重他，认识到他也是一个独立的人，有自己的情感和需要，放下做妈妈的架子，使他觉得妈妈和自己是平等的。要礼待他，不打骂他。妈妈做错事、说错话，要勇于向他承认错误。

3. 让孩子认识自我。孩子能否正确认识自己，评估自己的能力，是其心理健康的一项重要指标。帮助他形成良好的自我意识，发展他的自尊心，提高他的自我意识水平，使他认识到世界上只有一个“我”，例如，“我”是独特的；“我”很能干；“我”有许多优点，也有一些缺点，不过，经过努力，“我”能改正自己的缺点，做个好孩子。

4. 让孩子对任何事情都拿得起，放得下。和小朋友吵架了，他很快就会忘掉，不会记仇；挨妈妈训斥，即使哭了，也会很快破涕为笑；受到老师批评了，他也不会老是怀恨在心。他当哭则哭，当笑则笑，受到表扬，便高兴得又蹦又跳，受到批评便掉眼泪，绝不会掩饰和做作。

孩子的认识主要来自妈妈，妈妈要尝试着用美妙的语言解释一切。像莎莉的爸爸一样，再残忍的事情我们也可以用最美妙的语言让他们感到快乐和美好。

积极乐观的妈妈带动孩子的人生

有一个故事，带有传奇色彩，却真实地发生了。

在英国，一个华人组成的旅游团队突然遭遇车祸，一个女孩子当场昏迷。医务人员把她送到了皇室医院，在那里接受最好的治疗。但是种种迹象都表明，这个漂亮的花季女孩已经脑死亡。

“不可能的，我了解我的女儿，她不会就这样走的。”女孩的妈妈赶到英国，她一直在重复这句话，很多人都把它当成巨大悲痛下的呓语，纷纷安慰妈妈。

“你们不要安慰我了，请相信我，女儿真的没有死。”然后，母亲坚持用自己的能力请最好的中医去英国会诊，当时英国医院的人都很同情她，于是答应让中医复诊。

中医火速赶往英国，一下飞机就直奔医院，马上开始把脉、针灸。

奇迹出现了，女孩儿醒过来了。

这个奇迹的创造者不是中医，而是那位坚定的妈妈。如果不是她的坚持，女儿很有可能被火化，那是多么可怕的事情啊！但是在最后一刻，她始终坚信自己的女儿可以醒来。结果，这股强大的精神真的把女儿唤醒了！

对人生的态度、对生命的把握、对自我的认识，这些抽象的东西，都能通过妈妈传达给孩子。妈妈的言谈举止对于孩子的成长产生很大的影响，妈妈的积极心理现象可以促使孩子乐观积极、奋发向上；反之，也会使孩子变得消沉、忧郁、萎缩。

引导、教育孩子以乐观、积极的态度去面对一切，不仅需要各种活生生的事例使孩子心悦诚服，也需要妈妈自身能够以平静的心态对待一切，“不以物喜，不以己悲”，尽量消除各种消极心理的负面影响。

人的一生中最需要的就是积极乐观的心态。每一个妈妈只要积极乐观，都能带动孩子的人生。

在纽约的一家华人学英语的学校里，一个年近八旬的老奶奶每天都来上课，她从不迟到，也从不早退。老师布置的作业，她像个小学生一样按时完成，写字很工整。尽管她的口语已经很难流畅地道，但她总是积极发言……这是一个标准的中国三好学生，当时老师就想，这样一个对自己要求严格、积极好学的妈妈，一定有很不错的儿女。于是，她就主动上前去问老人，她孩子是做什么工作的。

老人家先是不想说，后来很谦逊地说：“我的女儿在给国家打工，她叫赵小兰。”原来，这就是美国第一华人女部长赵小兰的母亲，赵小兰的成功和传奇经历，在她的妈妈身上似乎也能找到。

这个故事是一个老师写的，他当时非常感慨，也许他说得没错，正是因为有这样严于律己的母亲，才能培养出那么优秀的女儿。妈妈是女儿最好的老师，妈妈选择了进取，女儿也没有理由后退。

教育家斯宾塞做过这样一个实验，带一大群孩子来到小镇边上的小河边，他告诉其中一些孩子："我一发出口令你们就跑到教堂那里去，那里正在举行婚礼，先跑到的有可能会得到小糖果。"他又对另一些孩子说："你们要尽快跑到教堂那里，越快越好，谁落后我就会惩罚谁。"随着他的一声口令，两群孩子都飞快地跑起来，要知道从河边到教堂有很长的一段路程。结果呢，那群知道先跑到教堂可能有糖吃还可以看到婚礼的孩子，先跑到的很多，而且到达以后，大多还很兴奋。而另一群孩子，有的掉队了，有的干脆跑到一半就停下来了。停下来的孩子多了，大家也就不怕惩罚了。

同样一件事情，因为不同的心态，导致了截然不同的结果。谁都希望自己的小孩分在第一组，是去奔赴一场宴会，但孩子的人生中，绝大部分时间由他们自己决定是奔向幸福还是不幸。

使孩子保持乐观的心态很重要，但更重要的是，妈妈首先保持自己的乐观心态，以身作则地感染孩子。你不一定要做一个美艳动人的妈妈，但你一定要做一个坚强、勇敢、乐观的妈妈。

妈妈别把焦虑转嫁给孩子

小凡的妈妈最近一段时间不知道为什么，老是为一些微不足道的小事忧虑，以至于影响了正常的工作。

比如，她总是莫名其妙地对那支钢笔产生厌恶之感。一看到那磨得平滑的钢笔尖就心里不舒服，她更讨厌那支钢笔的颜色，乌黑乌黑的。于是她干脆把钢笔扔到了垃圾桶里。可换了一支灰色的钢笔后，她依然感觉不舒服。原因是买它时，自己当时在售货员面前出了点丑，自尊心受到了伤害。因此刚买回来，她就把它扔到楼道里，任人践踏。

还有一次，小凡给妈妈买了一个用来盛饭的小塑料盒。妈妈脑子里冒出一个想法："这是不是聚乙烯的？"几年前，她记得自己曾看过一篇文章，好像是说聚乙烯的产品是有毒的，不能盛食物。这下她的神经又绷紧了：这个小塑料盒会不会有毒？毒素逐渐进入我的体内怎么办？她万分忧虑。

有一天，妈妈又为小凡头上的两个"旋儿"而苦恼起来。她听人说"一旋好，俩旋孬，两个顶（旋），气得爹娘要跳井"。真有这么回事吗？要不为什么小凡总是让自己担心呢？可有两个旋的人多得是呀！这个念头令她终日忧虑不已。小凡的妈妈就这样一直在忧虑中徘徊、挣扎着……

而可怜的小凡，也在妈妈这种焦虑情绪的影响下，整天忧心忡忡，她总是很自责，觉得自己是妈妈的"克星"，如果妈妈当初没有生下她，可能会很幸福。慢慢地，小凡上课总是紧张兮兮的，害怕学不会东西，对不起妈妈，她也很担心自己以后没什么前途，不能赚钱养妈妈……以往乐观开朗的她也逐渐变得沉默寡言，焦躁不安。

小凡的妈妈其实患上了焦虑症。而小凡的焦虑情绪也是被妈妈传染的。美国心理学家研究发现：如果父亲或母亲患上焦虑症，那么与他们生活在一起的孩子患上焦虑症的风险是正常家庭孩子的7倍。而焦虑症的“传播”途径往往是患有焦虑症家长平日的一些行为，如对孩子过度保护、过度批评、在孩子面前经常流露出惊慌和害怕的神情等。那么什么是焦虑症呢?

我们还是先从焦虑的情绪体验说起。焦虑是一种没有明确原因的、令人不愉快的紧张状态。我们可能都有过这样的情绪体验：在你第一次和心爱的人约会之前，在你的老板大发脾气的时候，在你知道孩子得了病之后，你都会感到焦虑。适当的焦虑并不是坏事，往往能使人鼓起力量，去应付即将发生的危机。但是，如果忧虑过多，以至于达到焦虑症，这种情绪就会妨碍你去应对、处理面前的危机，甚至会妨碍你的日常生活。

焦虑情绪过重或有焦虑症的人，他们内心充满了过度的、长久的、目的并不明确的焦虑和担忧。比如，他们会为孩子的前途担忧，即使孩子很聪明，学习又好，他们也会感到危机和焦虑；他们会成天为自己孩子的安全担心，生怕他在学校里出了什么事；更多的时候他们自己也不知道为了什么，就是感到极度的焦虑和不适。他们整日忧心忡忡、神色抑郁，似乎感到灾难临头，甚至还担心自己可能会因失去控制而精神错乱。

妈妈一旦焦虑情绪过重，生活的紧张及抑郁气氛就会加重，孩子在这种环境下生活，必然会受到影响。如果妈妈时时刻刻打电话担心自己的安危，孩子也会跟着不安起来；如果妈妈压力太大，孩子也会想分担妈妈的压力而给自己增加压力；如果妈妈整天愁眉苦脸，孩子自然也会少有笑脸……所以，妈妈，为了你和孩子的健康生活，请不要那么容易焦虑起来，更不要将你的焦虑展现在孩子面前，转嫁给他。孩子的乐观心态，会因为你转嫁来的焦虑而磨灭，最终，他将带着和你一样焦虑的情绪走过一生。这应该不是你所想的。

消除焦虑心理有多种方法，比如，听音乐、做运动、换环境、放松心情，等等，但是最本质的却是纠正认知错误，凡事都看得开、看得破。这里告诉大家一种比较实用的方法（同样适用于因为家长影响或其他一些原因患上焦虑症的孩子）。

第一步：当你焦虑时，请拿出一张白纸，把你焦虑的问题写在纸上，比如，“我总担心自己失业”“我怕孩子不能适应社会”“我莫名其妙地冒出一些讨厌的想法”……

第二步：全部写下后，再逐一分析这些焦虑有什么原因，思考它对事情的发展有没有好处，并写在纸上。一般你会总结到这一点—越是焦虑，事情反而越糟糕。

第三步：想更好的办法，比如，既然焦虑失业会更糟，那么我安下心来工作才是最好的办法；既然越是为孩子的前途感到焦虑，越是让孩子有负担，不如把“不管”当作“最好的管”。（把你想到的这些也写在纸上。）

反复多次，你会发现你已经远远地把焦虑甩在身后了！

灰暗的妈妈养不出阳光的孩子

海明威是蜚声20世纪文坛最优秀的美国作家之一，他的作品《永别了，武器》《老人与海》等都是其代表性的小说。他享受到了让所有人羡慕的荣誉与财富，但令人遗憾的是他在众人羡慕的眼神中把猎枪的枪口放进嘴里，扣下了扳机，结束了自己的生命。那么，在众人眼里应有尽有的海明威为什么会选择自杀呢？

这或许是一个偶然，在非洲的时候他曾经遭遇过两次飞机失事，从此之后便留下了后遗症。在他62岁的时候已经不能正常行走了，而且记忆力也急剧下降。他不但不能写字，还患上了性功能麻痹症。这些让他感觉到极度的恐惧和悲伤，对自己也失去了信心，于是走上自杀的道路。

海明威极度的自卑情绪扰乱了他的生活，“既然不能像正常人一样活着，还不如死掉”的想法一直萦绕在他脑海中。他的自卑，让他无力去和这个强大的世界抗衡，无奈之下他选择了终结自己的生命。那么他的这种自卑情结是与生俱来的吗？答案是否定的，这与海明威从小生活的环境有着千丝万缕的联系，与他的家庭环境，尤其与他母亲的影响有很大的关系。海明威一生结过四次婚，但是对他人生和人格起决定作用的并不是他的四位夫人，而是教师出身的母亲格蕾丝。

格蕾丝是一个很懒散的女人，从小过着公主生活，是父母的掌上明珠。嫁给海明威父亲克拉伦斯的时候，格蕾丝就与海明威的父亲签订了几项规定，其中有一项就是不做家务，婚后克拉伦斯一直遵守着这项约定，从来不让格蕾丝做家务，家中的大小事全由他自己处理。即便有了孩子，克拉伦斯还亲自为孩子准备早饭，然后再把妻子的早饭送到床上。

克拉伦斯是一名著名的医生，但无论他多忙，都会亲自去购买各种食品、下厨、洗衣服、管理下人。这样更加纵容了格蕾丝自私的性格，这位大小姐非常排斥肮脏的尿布、生病的孩子，打扫房间、洗碗、做菜……这些事情她一次也没有做过。

母亲格蕾丝懒散的印象遭到了海明威的厌恶。再加上母亲的强势管教，总是强迫他严格遵守日程计划表、随时接受检查，还要求他保持端庄整洁的形象，更加使海明威憎恨。

海明威为了对抗母亲的强势行为，曾坚持十天不吃蔬菜，为此不但挨了打，还患上了便秘。即便如此，海明威也不屈服。在第一次世界大战期间，海明威远赴意大利战场加入反对佛朗哥的军队，并担任战地记者，在古巴内乱时支援反对卡斯特罗的地下组织，参加非洲探险活动，这都是他试图摆脱母亲的影响和与母亲对抗而做出的举动。

母亲的强势性格对海明威就是一种压制，使海明威一直处于一种弱势的自卑地位。这种自卑和对来自母亲强势的厌恶，使得他成年之后极为讨厌试图干预他的任何一位女人。这也是他选择多次离婚的原因。

不管是在文学上还是心理学中，把孩子讨厌母亲喜欢父亲的性格称为“海明威情结”。“海明威情结”凸显出家庭教育中母亲对孩子的影响，强调了母亲的性格和言行对孩子性格形成的作用和重要的意义。

妈妈的性格取向总是有一种很神秘的力量在支配着孩子的言行和性格的养成。有时候妈妈对孩子的影响并非总是积极的，妈妈的性格以及性格决定下的言行会给孩子造成负担。如果妈妈的性格过于强势或过于软弱，对孩子过于溺爱或漠不关心，都会让孩子形成自卑懦弱、无情冷漠的性格取向，从而影响孩子的一生，甚至给孩子造成致命的伤害，这样的伤口一辈子都不会愈合。

对孩子成长影响极大的妈妈们要改变不良的性格，做一个阳光妈妈。把赞美和欣赏，把自信和坚强，融入自己的性格中，才会让孩子在阳光中沐浴，才能让孩子阳光、健康地成长。

乐观精神是孩子应对困境的最好武器

比尔·盖茨从20岁便开始领导微软，31岁时成为当时最年轻的亿万富翁，39岁时身价一举超越华尔街股市大亨沃伦·巴菲特而成为世界首富，同年，他以一票的微弱优势领先通用电气（GE）公司的杰克·韦尔奇，被《工业周刊》评选为“最受尊敬的CEO”。

这样一个“命运的宠儿”，曾经送给年轻人一段让人回味深长的忠告：“公平不是总存在的，在生活学习的各个方面总有一些不如意的地方。但只要适应它，并坚持到底，总能收到意想不到的成效。”他自己的经历也最能证明这句话。

在比尔·盖茨读中学的时候，他接到全国最大的国防用品合同商 TRW 公司的电话，要他去面试。为了实现自己的梦想，比尔·盖茨征得学校的同意后，做了三个月的“临时工作”。三个月后，盖茨回到学校，迅速补上三个月中落下的功课，并参加期末考试。对他来说，电脑当然不在话下，他毫不担心。其他功课他也很快赶上了。结果电脑课老师只给了他一个“B”，原因当然不在于他考试成绩不佳—他考了第一名—而是他从不去听这门课，在“学习态度”这条标准中被扣了分。这是盖茨第一次体会到“不公平”，但他并没有抱怨什么，而是接受了这种现实，集中精力做数据的编码工作。他因为梦想离开了哈佛，但生活总是有取舍，不久之后，他成了名副其实的电脑程序员，具备了坚实的编程基础和丰富的经验。

海伦·凯勒说：虽然世界多苦难，但是苦难总是能战胜的。挫折常常会不请自来，关键是不能把挫折当成放弃努力的借口。乐观的态度是支持比尔·盖茨的巨大力量，让他能为了自己的目标，不把这些不公平放在眼里，并取得常人都无法企及的成就，这些都是乐观对他的馈赠。美国人有着异乎寻常的乐观精神，他们面对挫折从来不会垂头丧气。

一次可怕的意外事故之后，美国人米歇尔的脸因植皮而变成一块“彩色板”，手指没有了，双腿异常细小，无法行动，只能靠轮椅活动。但他不认为他被打败了，而是坚定地说：“我完全可以掌握我自己的人生之船，我可以选择把目前的状况看成倒退或是一个起点。”6 个月之后，他居然又可以自己开飞机了。

他为自己买了房子、一架飞机及一家酒吧，之后就经营公司，并把公司发展成佛蒙特州第二大私人公司。事故后的第4年，他所开的飞机在起飞时又摔回跑道，把他胸部的十二条脊椎骨压得粉碎，腰部以下永远瘫痪！但是他仍然不屈不挠。之后他被选为镇长，后来竞选国会议员，他用一句“不只是另一张小白脸”的口号，将自己难看的脸转化成一项有利的资本。

接着他完成终身大事，也拿到了公共行政硕士，并持续他的飞行活动、环保运动及公共演说。

正是这种乐观的精神，帮助人们克服困难，获得好的结局。作为妈妈，我们要做的就是传递给孩子这种乐观精神，让他能感受并体会到。当孩子身陷失败的状况时，妈妈千万不要对孩子说那些令人垂头丧气的话，而是要努力去激发和保护孩子积极乐观的心态，这样孩子面对挫折和失败时才能更坚强。那么妈妈应该怎样做呢?

首先，妈妈应该以身作则，对挫折要有正确的观念，要有承受心理及应对良策，即使遇到再大的困难也不要唉声叹气。如果事情和孩子有关，需要他一起来面对，妈妈也应该给孩子树立一种克服困难的信念。

其次，不要苛求孩子。比如在言行举止上，如果孩子写字不规范，可以让他仔细观察书上的正确写法，鼓励他帮助他。妈妈还应多抽出时间陪孩子游玩，这样会让孩子很开心。要孩子学会调整心态，当孩子痛苦烦恼时，妈妈应及时地帮助他们找到摆脱的办法，如听歌、运动、和朋友谈心等，帮助孩子尽快振作起来。

最后，不要伤害孩子的自尊心和打消他的积极性。不要动辄用一些否定性的字眼来批评孩子。孩子犯错了，妈妈应该先客观地分析，再教他正确的方法，而不是总替他惋惜、后悔："如果这样做就好了，就不会那样了"等。孩子沉湎于回忆和懊悔，他的乐观精神也会变少。

遭遇挫折并不可怕，可怕的是没有面对挫折的勇气。挫折像是我们的老朋友，虽然有时会跟我们开开玩笑，但正是它让我们的心更强壮。生活好比一面镜子，当我们对它笑的时候，它也会对我们笑。快乐的行动取决于快乐的思想，一个乐观的心态，比一百种智慧更有力量。而当孩子拥有乐观的心态后，就有了征服困境的最大武器。

第五章

品格教育是赶早不赶晚的事业

著名教育家罗素认为，品格教育在孩子 6 岁以前就已基本完成，6 岁以后，学校只是在以前品格教育的基础上加以巩固。因此，幼儿阶段是品格教育的关键时期，能在一定程度上决定孩子以后的人格成长。所以，品格教育要趁早，而且要抓好。

对不诚实的处理：一千克的预防胜过一吨的惩罚

一位母亲和爱人都是大学教师，女儿苗苗知书达理，品性纯良，但有一个问题却让妈妈头疼不已。苗苗现在上初中了，却总是说谎。这次期中考试结束后，妈妈问她考得怎么样，她说还行吧。后来成绩出来了，她告诉妈妈考了全班第 10 名，听到这个消息后妈妈爸爸都很开心，因为她之前一直在 20 名左右徘徊。可是，后来妈妈见到她的班主任才知道，原来她只考了全班第 40 名，比以往任何一次都要考得差。

以前孩子说谎还有些不自在，现在经常编谎话骗家长，居然说得像真的，跟没事人似的。妈妈没法理解，那么用心地教育孩子，孩子怎么学会了撒谎呢？

说谎是孩子某个年龄段心理发展和智力发育必然出现的一种反应，也是智力发育过程中易偏出正常轨迹的时刻。因为孩子对诚实的理解以及道德的认识，尚且不全面、不深刻，也不完善，所以有时难免出现说谎现象。妈妈如果不能妥善地处理和引导，将会导致孩子智力发育上的偏差。

妈妈应该如何正确对待孩子的谎言呢？首先要知道孩子撒谎的原因，才能从源头上根治问题。

孩子说谎不外乎两个原因，一个是模仿大人，一个是迫于压力。每个孩子最初的谎言都是从这里来的。

首先是模仿大人。如果家长在和孩子相处中，为了哄孩子听话，经常用一些谎言骗他；或者是家长经常对别人说假话，不时地被孩子耳闻目睹；还有一种情况是家长出于成人社会里的某种掩饰需求，经常说些掩饰的话，孩子耳濡目染，就会慢慢学会说假话。“染于苍则苍，染于黄则黄，所入者变，其色亦变。故染不可不慎也 。”所以，如果孩子出现说谎的毛病，家长首先要进行自我反省。

孩子的谎言大多是被“压力”激发出来的。这个“压力”就是家长比较严厉，对孩子的每一种过错都不轻易放过，都要批评指责，甚至打骂；或者是家长过于强势，说一不二，不尊重孩子的想法，不体恤孩子的一些愿望。这些都会造成孩子的情绪经常性地紧张和不平衡，他们为了逃避处罚、达到愿望或取得平衡，就去说假话。

像上例中提到的苗苗，她考试没考好，其实内心已经很痛苦了，有很大的压力，不知道如何向父母交代，而恰恰此时，母亲询问她的考试情况，为了不让母亲伤心，她只好编谎话来骗人。尽管她也知道，过不了多久，妈妈就会从老师那里知道自己的真实成绩，但是她宁可撒谎也不愿意告诉妈妈自己的真实成绩。

这是为什么？因为孩子没有将妈妈当成不幸的分担者，孩子这样做，肯定是出于经验。相信在以往的生活中，一定是孩子一做错事，就会遭到严厉的批评。于是，孩子为了逃避一时的批评而选择撒谎。

当妈妈发现孩子说谎的时候，千万不要立即教训孩子，此时，不妨冷静地坐下来想一想，孩子为什么会说谎，是因为自己给了孩子很大的压力？还是因为在以往的生活中，每次孩子犯错误都会遭到严厉的批评？抑或是不尊重孩子的想法，凡事要求孩子按照自己的意愿生活？……找到原因后再对症下药，这才是解决问题的根本之道。

孩子天生是不会说谎的，对待谎言预防比惩罚更有效。因为惩罚也许会加剧孩子的“压力”，让他以后不得不用更多的谎言来防御可能遭受的惩罚，而把谎言扼杀在摇篮中，则是从根源上防止了谎言的产生。

妈妈应该如何预防孩子的谎言呢？一方面，妈妈不应该扮演检察官的角色。不应该要求孩子坦白，不应该夸大事实把事情弄大。另一方面，说话不要拐弯，要说真话。当妈妈发现孩子从图书馆借的书已经过期时，不应该问：“你把书还到图书馆了吗？你确定？那么它怎么还在你的桌子上？”应该直接说：“我看到你的图书馆借书已经过期了。”简言之，妈妈不能激发孩子防御性的撒谎，不能有意制造让孩子撒谎的机会。当孩子撒谎时，妈妈不应该充满说教，严厉过头，而是要就事论事，通情达理。要让孩子知道没有必要对妈妈撒谎。妈妈防止孩子撒谎的另一个方法是避免问“为什么”。对孩子来说，“为什么”就意味着父母不赞成、失望、不高兴，从而引出过去受责备的回忆。

另外，妈妈若希望培养孩子诚实的品德，就必须做好心理准备，既要听让人愉快的真话，也要听让人不高兴的真话。例如，孩子对你抱怨说奶奶不好时，你如果打他惩罚他，强迫他说奶奶是好奶奶，这样的话，你就让孩子知道了说真话、告诉妈妈自己的想法是危险的。说真话时，你受到惩罚；说谎时，你得到爱。妈妈喜欢说谎的孩子，妈妈只喜欢听让人高兴的话，所以，孩子就会为了讨好大人，而说让大人高兴的谎话。

生活中，很多妈妈习惯把孩子的品行问题归咎于孩子自身，所以习惯指责孩子；可是很少有人会去反思自己的教育方式。事实上，孩子的品行习惯依赖于妈妈的教育方式。所以每一位妈妈在思考解决孩子的问题时，切入点应该是如何改变自己的教育方式。哪怕你认为孩子的毛病就来自孩子自己，你也有责任通过改变你自己来唤起孩子的改变。不这样思考，你就永远找不到改变孩子的途径。

“帮妈妈洗脚”不只是一个作业

孝是中华民族的传统美德，而且古往今来也有许多关于“孝”的感人事件。“孝”是一种重要的品质，而且也是很多品质的基础。

相信不少人一定还记得中央电视台播放的这样一则公益广告：一个年轻的妈妈一边给五六岁的儿子洗脚，一边讲小青蛙的故事，故事讲完了，脚也洗完了，妈妈对孩子说：等一会儿，妈妈再来给你讲故事。

画面一转，年轻的妈妈正蹲在地上给一位老人洗脚，一边洗一边说：妈妈，我给你洗洗脚，对身体好，也解困。

这时，等着妈妈讲故事的孩子探头进来看到了这一幕，一转身就跑了出去。

妈妈洗完脚回到儿子房间，却不见儿子的人影，正诧异时，发现儿子端着一盆水晃晃悠悠地走进来，原来他也要给妈妈洗脚解乏。

孩子一边给妈妈洗脚一边嫩声嫩气地说：妈妈洗脚。我也给你讲小青蛙的故事……

这让疲惫不堪的妈妈感慨万分。这则公益广告触动了不少人的心。

妈妈的“舐犊之情”作为世间最本质的一种仁慈温暖着整个世界，而孩子们之所以能够健康、幸福地成长，也是因为妈妈浓浓的爱。但是，被母爱浓浓包围的孩子们，有没有想过回报一下母亲呢？哪怕只是一次洗脚。

曾有不少学校布置了这样一个作业：给妈妈洗脚。对于这样的作用，不少孩子觉得难为情，也有许多妈妈同样有此感觉。

但是“给妈妈洗脚”并不仅仅是一次作业这么简单。它是想让现在的孩子懂得爱自己的妈妈，懂得反哺，懂得感恩。

现在的孩子多是独生子女，他们在物质和精神方面都享受到最大的爱，但是如果享受着这种爱的子女不懂得回报，不懂得孝顺父母，让这样的爱不能实现爱的双向交流，那么这种爱就是畸形的溺爱。

妈妈要在生活中培养孩子“孝”的品质，如引导孩子学会关心长辈，懂得陪长辈聊聊天，懂得在节日里为长辈送上一份祝福。在父亲节时，给父亲送上一份小礼物，或者在爸爸下班时，让孩子主动帮爸爸拿衣服、拿拖鞋、递水等，爸爸没回来，要提醒他给爸爸留饭或耐心等待。

让孩子进行一切力所能及的劳动也很必要，只有当他们有了切身体验时，才能真正领悟到妈妈照顾他们的辛苦，从而知道体谅妈妈，尽自己的力量帮妈妈做事，为妈妈分忧解愁，做到真正的“孝”，要引导孩子替父母分担忧愁，学会自己的事尽量自己做，帮衬做力所能及的家务，如为父母取鞋、取袜子、扫地、擦桌子、倒垃圾等；尤其要让孩子帮长辈添饭、沏茶等，这不是单纯的劳动，而是逐渐培养孩子为长辈服务的意识和习惯。

妈妈千万不要让孩子觉得孝是一种强迫性的劳动，是一种额外的负担。孝心，要在融洽的氛围中，在爱心的驱使下，慢慢地养成，并逐渐成为一种自觉的行为。当孩子为长辈服务时，长辈应笑脸相迎或亲亲孩子，并予以表扬和鼓励，让孩子觉得为长辈服务很自豪、很值得，是一件快乐、幸福的事。

孩子良好的习惯和品质，不是长大就能自然形成，而是需要平时一点一滴养成的。要想让孩子养成“孝”的习惯，对父母、对他人都怀有一颗感恩的心，妈妈平时就应该在小事中多多注意与培养。

不懂得分享是一种惩罚

阿琳准备参加学校举行的舞蹈比赛，这次她选的舞蹈是西部牛仔舞，阿琳希望能借小晴的皮靴上台表演。可是，小晴不舍得，因为那双靴子是美国的姑妈给她寄回来的生日礼物，平时小晴也不舍得穿。现在阿琳开口向自己借靴子，而且是要到舞台上蹦蹦跳跳的，要是弄坏了，怎么办？那可是有钱也买不到的呀！

小晴没有立刻答复阿琳，推说自己先回去问问妈妈的意见。

回到家里，小晴和妈妈商量起来：“妈妈，你觉得我应该借给她吗？要是弄坏了，怎么办？”

妈妈没有正面回答女儿的问题，她笑着说：“别人也借给你东西吧？那次，阿琳还把最喜欢的芭比娃娃借给你玩了好一阵子呢。你还记得吗？”

小晴听罢妈妈的话，脸红了起来，说道：“是的，阿琳对我可是从来不吝啬的，我太小气了。”

看到孩子脸红了，妈妈接着说：“懂得分享，人生往往更加快乐，所以，越是珍贵的东西，越要懂得与人分享。”

听完妈妈的话，小晴立刻给阿琳打电话：“靴子我明天就给你拿去，你可要好好比赛，争取得第一名……”

妈妈在一旁，欣慰地笑了……

生活需要分享，快乐和痛苦都需要有人分享。不懂得分享的人，不能体会到与人互惠互济、甘甜与共的幸福，这何尝不是一种惩罚呢？作为妈妈，你教导孩子学会与人分享的品格了吗？

人的心理其实是很微妙的，当得到别人的好处或好意后，总想以相同的程度回报别人。这种心理叫作“互惠心理”。这是人类社会中根深蒂固的一个行为准则。

曾经一位心理学教授做过一个小小的实验，证明了人们这种普遍心理。他随机选择了一群素不相识的人，给他们寄去了圣诞卡片。虽然他也估计会有一些回音，却没有想到大部分收到卡片的人，都给他回了一张，尽管他们互不相识。这个心理实验验证了人们之间的“互惠心理”，人们普遍认为应该尽量以相同的方式回报他人为我们所做的一切。如果别人帮了我们，我们也应该帮他一次；如果别人送给我们圣诞礼物，我们也应该送他一份。

孩子之间的交往，也遵从“互惠心理”，往往是小 A 给了小 B 一样玩具，小 B 也要回报小 A 一件；小 A 告诉小 B 他的一些学习方法、工作经验，小 B 也不吝啬同他分享自己的学习和工作感受。“互惠心理”其实也有些像坐跷跷板，不能永远固定某一端高、另一端低，就是要高低交替。一个永远不肯吃亏、不与别人互惠的孩子，即使赢了，从长远来看，他也得不到多少好处，因为没有人愿和他玩下去了。

现在很多妈妈宁肯亏了自己也不愿怠慢孩子，不仅把最好的东西给孩子，还害怕孩子在外面被人占便宜，于是经常教育孩子不要和小朋友分享好东西，例如说“别把爸爸带回来的进口巧克力都拿出来给朋友吃，吃完了看你怎么办?”“让他们自己的妈妈给他们买，这套学习资料是独家发售的，妈妈好不容易给你抢到，你让他们看了不是便宜了他们吗?”。从小听到类似话语长大的孩子，自然不会是一个大方豁达的人，甚至会变成自私自利、不关心别人的冷血儿，这时候，妈妈后悔已经来不及了，品性一旦形成，想要改变是极其困难的。

想要趁早培养孩子与别人分享的品格，妈妈自己首先要是一个喜欢与别人分享的人，孩子会通过妈妈的行为认识到分享是一件应该的事。其次，妈妈要学会与孩子分享，坦然地分享，成为与孩子分享的伙伴，比如分享零食、分享快乐、分享想法，不要因为疼爱孩子而把所有好的都给他，让他觉得妈妈为自己是应该的，亲人是不用与之分享好东西的。另外，妈妈还要经常告诉孩子“越是珍贵的东西，越要懂得与朋友分享”，长期灌输这样的价值观，会让孩子潜意识里形成正确的分享观，克制自私自利的本性。

从接待客人开始，培养孩子待人的文明礼仪

早在 17 世纪，著名教育家约翰·洛克就在他的名著《教育漫话》中描绘了一幅培养“绅士”的教育蓝图。在这幅蓝图中，礼仪教育是不可或缺的一环。洛克说：“礼仪是在他的一切美德之上加上的一层藻饰，使它们对他具有效用，去为他获得一切和他接近的人的尊重与好感。”

一个人的修养决定着他的生存方式。有修养的人，不但受人尊重，还能成大器；没有修养的人，不但害人害己，还会不得人心。真正有修养的人，会对一切人展示出亲切和友好的姿态。

生活在现代社会的人，必须学会待人接物的方法，善于与人礼貌往来。因为和谐的人际关系无疑已成为当今世界人才的重要素质之一。有些孩子因缺乏待人接物的经验，往往在交际中有差强人意的表现。在生活中我们会发现，凡是待人周到谦和的孩子，往往更容易赢得机遇。而这些待人友善的处世本领，都需要从小培养，从小事着手培养。

而让孩子在接待客人中学习礼貌待人，就是一个很好的方法。让孩子多参加接待客人的活动，有利于培养他们的主人翁精神。在参与接待客人的过程中，体会到主人和客人地位的不同，自然会产生一种自豪感和责任感，会比平时更小心，殷勤百倍。这也有利于培养孩子礼貌待人的好习惯。

要接待好客人，让客人满意，就必须在语言、行为上都讲究礼貌，实际上是给孩子提供了友爱他人的练习机会。而且，

能学到一些待人接物的方法。可能最开始孩子是不会接待客人的，这就需要妈妈的引导和鼓励。

妈妈怎样培养孩子接待客人的能力呢？

1. 让孩子做好心理准备

在客人尚未到来之前，我们应该让孩子了解，客人什么时间来，谁要来。客人与妈妈、与自己的关系以及该如何称呼，使孩子在心理上做好接待客人的准备。

2. 与孩子共同做准备工作

可以让孩子和妈妈一起做接待客人的准备工作，如打扫房间、采购糖果等，共同创造一种欢迎客人的气氛。

3. 帮助孩子接待客人

例如，客人来了，妈妈可以帮助孩子招呼每一个人，请客人坐，请客人吃糖果。还可以把自己的玩具拿出来给小客人玩儿，把自己的相册拿给大家看。

4. 让孩子学着与客人交谈

妈妈应该让孩子大方地回答客人的问话，并且做到在别人讲话时不随便插嘴。

孩子学会待人有礼，不仅给人很好的印象，还能帮助化解尴尬，让我们来看看下面这个小故事。

有一次，英国王室在伦敦举行盛大晚宴，招待印度首领，此时，还是皇太子的温莎公爵主持了这次宴会。

宴会在非常友好的气氛中进行着，达官贵人们觥筹交错，相谈甚欢。就在宴会即将结束的时候，发生了一件意想不到的事情，使整个宴会被尴尬的氛围笼罩着。按照当时宴会的程序，侍者在晚宴即将结束的时候为每一位来宾端来了洗手水，印度客人看到那精巧的银制器皿，以为里面盛着的亮晶晶的水是用来饮用的，于是端起洗手水一饮而尽。当时，作陪的英国贵族个个目瞪口呆，不知如何是好，大家纷纷把目光投向主持人。

这时，只见温莎公爵神色自若，一边与客人谈笑风生，一边端起自己面前的洗手水，像客人那样自然而得体地一饮而尽，接着大家也纷纷效仿。原本即将要扩散的难堪与尴尬气氛，在瞬间消逝无形，宴会在一片欢乐声中取得了圆满的成功。

温莎公爵在这次宴会中的举动，无疑是一种礼貌的表现。他的这种行为，不仅表达了自己对客人的尊重，而且使这次宴会非常完美，没有留下任何遗憾。

在我们的日常生活中，也应该让孩子懂得多多从别人的立场出发来体谅别人，懂得人情世故，学会待人接物。因此，妈妈应该坚持对孩子进行礼仪教育，并不断强化他们言行方面礼仪习惯的培养和训练，使他们养成良好的礼仪习惯，懂得对别人尊重，懂得谦恭礼让，从而使人际关系融洽和谐。

培养孩子的耐心是培养孩子节制品格的开始

在美国得克萨斯州一个镇小学的校园里，一个班的一些学生被老师带到空房里。然后一个陌生人走了进来，他给每个学生都发了一粒包装精美的糖果，并告诉他们：“这糖果属于你们，你们可以随时吃掉自己的糖果，我要出去办点儿事，约 20 分钟后回来。如果坚持到我回来再吃，将会得到两粒同样好吃的糖果。”

面对糖果，部分孩子决心熬过那漫长的 20 分钟，一直等到这个人回来。为了抵制诱惑，他们或是闭上双眼，或是把头埋在胳膊里休息，或是喃喃自语，或是哼哼叽叽地唱歌，或是动手做游戏，有的干脆努力睡觉。凭着这些简单实用的技巧，这部分孩子勇敢地战胜了自我，最终得到了两块果汁软糖的回报。而另外那部分性急冲动的小孩儿几乎在陌生人出去的那一瞬间，就立刻去抓取并享用那一块糖了。

大约 20 多分钟后，陌生人回来，对那些能够克制自己的孩子进行了奖励。

耐人寻味的是，这个陌生人跟踪研究这些孩子 20 年，结果发现：那些能够为两块糖抵制诱惑的孩子长大后，有很好的学习品质、较强的社会竞争性、较高的效率、较强的自信心，能较好地应付生活中的挫折、压力和挑战。而经不住诱惑的孩子中有 1/3 左右的人缺乏上述品质，心理问题相对较多。他们的学习成绩不如前者优秀，社交时他们羞怯退缩，固执己见又优柔寡断；一遇挫折，就心烦意乱，把自己想得很差劲或一钱不值；遇到压力，就退缩不前或者不知所措。

这项研究表明，那些能够为获得更多的软糖而等得更久的孩子要比缺乏耐心的孩子更容易获得成功。这说明了自制力这一良好的意志品格是成功者的重要心理素质。妈妈在孩子的早期教育中，应该将孩子自控力的培养置于重要地位。童年的教育是培养节制品格的开始，“延迟满足”练习是培养孩子节制品格、提高孩子的自制力的重要方法。

所谓“延迟满足”，是指甘愿放弃即时满足的抉择取向，去等待一种更有价值的长远结果。“延迟满足”用我们平常的话来说，就是忍耐力和自制力。这种品质对于成功是非常重要的。在生活中，我们也会发现，那些事业有成的人，总是能够为了追求更大的目标，克制自己的欲望，放弃眼前的诱惑。把一个个小小的欲望累积起来，成为不断激励自己前进的动力。而那些一时冲动犯罪的人，大多不能克制自己的欲望，被冲动这个魔鬼所控制，最终做出害人害己的行为。

在家庭教育中，如果孩子想要什么，妈妈就立即满足，孩子会形成这样一种观念：自己想要的东西总是能够很轻易地得到。久而久之，就会导致孩子越来越任性、贪心，急功近利。而在孩子的成长中，孩子的生活并不会随时都有妈妈的呵护，所以最重要的是，妈妈应该设法让孩子懂得：世界不是以他为中心，因此，必须学会等待，学会控制自己的情感和行为。培养孩子的自我克制能力，培养他的理性思考和判断能力，是孩子今后能够取得成功的必要前提。如果一个人想光荣、和平地度过一生，他绝对有必要学会无论在大事小事上都要自我克制。

孩子的“延迟满足”能力的获得，并非一朝一夕、只言片语所能奏效。没有人天生脾气很好，不需要注意和修饰；也没有人天生脾气很坏，后天的修养对他无济于事。脾气是可以受到约束的，好的耐性都是慢慢培养出来的。因此，妈妈应尽早开始培养孩子的耐性，“细水长流”式的培养才能真正孕育出自控能力强的孩子。

妈妈在生活中要让孩子学会等待，对孩子的一些日常玩乐、享受的需求给予“延迟满足”。最好让孩子做出适度努力后，再满足他的欲求。如果孩子想得到新衣服，就要学着自己洗衣服、刷鞋子、整理床铺。还可以采用积分制，每做一件值得鼓励的事，就给他加几分，累积到一定数量，可以让孩子获得想要的某种奖励。然而，延迟与否，延迟多长时间，都不是关键所在，最关键的是妈妈要帮助孩子形成一种认识并最终成为习惯：任何愿望都必须通过自己的不断努力来实现，耐性越大，取得的成功就越大。

不能用粗鲁的方式教育孩子懂礼貌

《北京青年报》上曾登载了一则消息：一个15岁的少年因为环卫工人制止他乱扔纸屑，盛怒之下满口污言秽语不说，还对那位女清洁工拳打脚踢。此事在社会上引起了很大的反响，许多市民纷纷表示出极大的愤慨。少年如此蛮横，的确让人痛心疾首。在我们身边，这种不讲文明的人的确不是少数。我们经常能听见一些青少年朋友出口成“章”（脏），张口一个“妈的”，闭口一个“我 ×”，而且满脸凶相。

鲁迅先生当年尖锐抨击过的“上溯祖宗，旁及姐妹，下连子孙，遍及两性”的“国骂”，竟然在一些未成年人的嘴里如同炒豆子一样噼啪乱跳，令大人们瞠目结舌。

孟德斯鸠说：“礼貌是有礼貌的人喜悦，也是那些授人以礼貌相待的人们喜悦。”文明的语言，礼貌的举止能够体现一个人的内涵和修养，也有助于一个人的健康成长和事业的成功。没有修养的青少年会以冷淡、不关心他人、言语不文明等方式伤害他人，毁坏自己的形象，相信这是每个妈妈都不愿意看到的。

妈妈是孩子最亲近最热爱的人，她对于孩子具有天然的权威性，她的所作所为容易被孩子认为是天然合理的，容易被孩子学习和模仿；由于孩子没有足够的知识经验，不会辨别是非，所以，他会对妈妈的言行不加选择地模仿。例如，他们不仅模仿妈妈的动作，而且模仿妈妈表达感情的方式，模仿妈妈的观点，甚至妈妈对人的态度和方式……

你是不是为了教育孩子懂礼貌，该打的也打了，该骂的也骂了，可是孩子就是没有一点长进？其实，不能抱怨是孩子没有进步，而应该思考一下妈妈教育孩子的方式是否得当，很多妈妈总以为“用鞭挞以及别的奴隶性的体罚”来管教孩子是最合适不过的，却不知道你的一言一行在潜移默化地影响着孩子，你用简单粗暴的方法教育他，又怎能奢望他以彬彬有礼的态度去对待他人呢？

那么，具体来说，妈妈应该怎样培养孩子文明礼貌的好习惯呢？

1. 改变自己对孩子的教育方式。对孩子尽量采取启发和开导的方式，多点道理少点责骂，治理洪水的方式是“疏”，而不是“堵”，教育孩子也一样。比如，孩子见人不会打招呼，你不能当着熟人的面就训导孩子。你可以回家以后对孩子说：“那位叔叔是爸爸的朋友，下次再见到他，爸爸希望你可以和那位叔叔打个招呼。这样的孩子最惹大人的喜爱哦。”

2. 对孩子进行教育，告诉孩子要以善良之心看待与他人的摩擦，让他们明白谁都有冒犯他人的时候，而且随时都会发生不愉快的事情，使他们学会宽容他人的过失，不要为小事而生气、赌气。

3. 严格要求，妈妈可以与孩子谈心，明确要求他们成为有教养的好孩子，告诉他们哪些言行是文明礼貌的、哪些言行是粗鲁无礼的。

4. 及时纠正孩子说脏话的习惯。平时，一旦发现孩子说脏话，妈妈要及时帮助纠正过来。不说脏话是讲文明懂礼貌的第一步。

5. 要求孩子礼貌用语。对孩子不愿主动向老师、长辈、同学问好，妈妈要及时给予纠正，教给孩子“您好”“请”“谢了”“对不起”等日常礼貌用语。

培养讲文明、有礼貌的习惯是一个循序渐进的过程，不可能要求孩子在一夜之间就变得彬彬有礼。

6. 让孩子多与人交流。有时候孩子见人木讷扭捏，常给人一种没有礼貌的感觉，其实这是孩子的性格所致。这样的孩子一般都很害羞，怕见陌生人。妈妈应该多让孩子与人相处，比如家里来客人的时候让他主动给客人拿水果等。妈妈也可以多让孩子和同龄人接触，培养其开朗自信的性格。

仁爱之心不可无，爱心教育必须有

每天，天刚蒙蒙亮，胡适还在睡梦中，母亲便起床了。她给儿子一边准备好东西，一边叫醒儿子，让他起床上学堂。对于孩子来说，早起是一件很痛苦的事，可是，小胡适很懂事，虽然他很想多睡一会儿，但是一想到母亲的操劳，就能立马从床上坐起来。当他赶到私塾老师家门口时，老师和家人都还在睡觉。他轻轻地敲门，就会有人把私塾的钥匙从门缝里递出来。拿了钥匙，他跑到私塾把门打开。这时，同学们都还没有来，他一个人坐下，打开书本，开始读书。

他天天都这样早起苦读。母亲看着儿子这么辛苦，也很心疼他。但是，她明白，如果想让儿子成为像他父亲那样知识渊博、人品端正的人，就一定要吃苦。其实，儿子读书早，她为了准备早饭，比儿子起得更早啊！胡适把母亲的这份爱藏在心底，用自己的刻苦来回报。平日里很听话，不想让母亲多为自己费心。

但是小时候的胡适很调皮，总有犯错误的时候。每逢这时，小胡适心里总会忐忑不安，善良仁爱的母亲从来不在人前责备他，因为仁爱的母亲懂得保护孩子的尊严。

一个秋天的晚上，天气转凉了。小胡适穿着单薄的衣裳，站在庭院里眺望星空。母亲关切地说："天凉了，快进屋穿件夹衣吧！"胡适此时看星星正起劲，竟与母亲顶起嘴来，这大大刺伤了母亲的心。

后来，胡适意识到自己闯了大祸，跪着直哭，他一边哭，一边不住地用手去擦自己的眼睛。他不知把什么细菌揉入了眼睛，竟害了一年多的眼病，找了很多郎中也治不好。最后，母亲听一些老人说用舌头去舔就可以治好，母亲便用舌头去舔儿子的眼睛，结果眼睛真的好了。

胡适在《我的母亲》一文中这样写道：我在我母亲的教训之下住了九年，受了她的极大极深的影响。我十四岁（其实只有十二零两三个月）就离开她了，在这广漠的人海里独自混了二十多年，没有一个人管束过我。如果我学得了一丝一毫的好脾气，如果我学得了一点点待人接物的和气，如果我能宽恕人，体谅人——我都得感谢我的慈母。胡适就这样在母亲的言传身教下养成了善待他人的好脾气，也学会宽容和关爱。可见。妈妈仁爱的性格，对孩子的爱心教育有很重要的影响。

爱心教育是妈妈培养孩子的重点之一。美国著名教育家哈·斯宾森指出："爱心是美德的基础，也是美德最直接的表现。"培养起孩子的爱心就为孩子的美德打下了坚实的基础。爱心的培养不仅是中国传统皇室教育的重点，也为现代教育学家所重视。现代孩子普遍缺乏爱心的现实，也突出了爱心教育的重要性。爱心给人机会，使人伟大，而妈妈想要培养一个伟大的孩子，就要首先从培养孩子的爱心做起。

拿破仑·希尔说："当一种习惯由于反复地练习而变得容易的时候，你就会喜欢去做。你一旦喜欢去做，就愿意时常去做。"所以，妈妈要积极培养孩子关爱他人的习惯，鼓励、尊重孩子去关爱他人。一个怀有善念的人，才能得到更多人的关爱，才能获得更多的机会，才能取得更大的成功。

在培养孩子爱心的过程中让孩子理解奉献是很必要的。在生活的每一天里，要让孩子懂得奉献了自己，别人就会感到温暖；把节省的钱捐献给灾区，就能让很多人免于受苦；在同学生病的时候，要懂得去问候，帮助他们把落下的课补上……付出爱心，才能拥抱世界，也只有愿意付出爱心的人，才能使生命放出耀眼的光彩。

英国大戏剧家莎士比亚曾经说过："上天生下我们，是要把我们当作火炬，不是照亮自己，而是普照世界。"只有在无私奉献中才能让孩子超越自我，变得高尚，也只有在无私奉献中才能够找到幸福。

在培养孩子爱心的过程中，还要帮助孩子体谅别人的感觉。帮助孩子体会别人的感觉，就是要求他能够想象别人在某种情况下产生的感觉。假如孩子收到长辈寄来的生日礼物后回复了一封感谢信时，妈妈可以引导孩子，让他想一下，当长辈收到这封感谢信时会有什么感想。

性格不是一朝一夕就能够养成的，富有爱心性格的培育也是一个长期的过程，这就需要妈妈在日常的生活中潜移默化地引导孩子，培养他们的仁爱之心。

正直是永不过时的良好品格

抗日战争时，不与日本人打交道，以卖画、刻字为生的齐白石特地在沦陷的北京住宅前张贴告白。其中一条写道："中外官长，要买白石画者，用代表人可矣，不必亲驾到门。从来官不入民家，官入民家主人不利，谨此告知，恕不接见。”另一条是：“卖画不与官家，窃恐不祥。”日本人转而诱之以利，寒冬让人送去配给煤票。白石当即退回，后又激于民族义愤写诗作画以讽。抗战胜利前夕，老人画鼠画蟹，并题诗曰：“群鼠群鼠，何多如许！何闹如许！既啮我果，又剥我黍。独灯残天欲曙，严冬已换五更鼓！”“处处草泥乡，行到何方好，昨岁见君多，今年见君少。”对敌人的掠夺、横行与身陷泥淖做了辛辣的讽刺。齐白石的行为激怒了日伪军，他们派人到齐白石家里骚扰、勒索，甚至明火抢劫，没收了他卖画的存款，寻机将其扣留，令其宣传“共荣”。齐白石宁死不屈，狱中遗言：“子子孙孙永不得做日本官！”抗战胜利后，齐白石应邀去参加上海美术界举办的书画展览，遇见上海警界司令部的一个军官。那个军官附庸风雅，向齐白石索要一幅画。得知军官的为人后，齐白石立即挥毫赐“螃蟹”一幅，以示讽刺。但是军官没有领会其意，回家后被姨太太提醒：“这是在骂你横行霸道呢！”军官气得脸色发紫，于是命手下人再次索要，齐白石展纸一挥而就“不倒翁”。军官的手下拿回去之后，被姨太太撕得粉碎，对军官说：“这张更坏！这是笑你孙传芳时代当官，蒋介石上台当官，日本人来了也当官，日本人去了还当官呢！”军官气急败坏，下令要求逮捕齐白石，让他遗憾的是，齐白石在友人的帮助下早已乘车北上了。

齐白石就是一位正直的画家，正如他的画品一样，他正直的人品也被人称道，被人们称为是德艺双馨的艺术家。他高尚的富有铮铮铁骨的人格，得益于他非同凡响的母亲对他的教育。

正直是美德的基石，恐怕有人认为它早已过时了，但它之所以流传至今，正是经过了时间的考验证明它确实具有强大生命力的缘故。正直的美名与始终不渝地坚持真理、忠实于信仰是紧密相连的，它是建立人生大厦的坚实基础。

说假话，办假事，甚至制假贩假，用假农药、假化肥坑害农民，用假酒、假烟牟取暴利，成了现今社会的一大痼疾。有一则民谣说："记者署假名，歌星唱假唱，球星踢假球，百姓喝假酒——有人乐于假货，有人苦于假货。"报载，有一所学校发动学生为灾区募捐，在收上来的捐款中，竟然发现有多张假钞！其实，这些妈妈有些不明白，你在多得到一分金钱的同时也损失了正直的品德。你的收入固然有所增加了，职位有所提升了，但你的人格在孩子的眼里却大大降低了，实在是得不偿失！因此在培养孩子的时候，妈妈要严格要求自己，做一个正直的妈妈，才能熏陶孩子也成为一个正直的人。

妈妈在提升自己正直修养的同时，还要注意对孩子的正直品德的培养。孩子的人生航程没有正直相伴，当船到江心的时候，很可能就会迷失方向，迷失他自己。

泰国前总理川·立派86岁的老母亲川梅，是一个摆食品摊的小贩。她在曼谷的一家市场内摆摊卖虾仁豆腐、豆饼、面饼。

她儿子川·立派当总理的第一天，就有人问她："您儿子当总理了，您还用得着摆摊吗？您不觉得使儿子丢脸吗？"

她说："儿子当总理，那是儿子的工作，那是儿子有出息，我摆摊，那是我的工作，两者并没有什么矛盾。我不觉得有什么丢人的，我很喜欢摆摊，在这儿，能见到很多老朋友。我最高兴的事，就是看到儿子下班回家后狼吞虎咽地吃我亲手做的豆腐。”

泰国媒体称赞说：“一个来自平民阶层的平凡母亲，教育出一名以其诚实、正直而受人尊敬的总理。”川梅在面对记者时谦逊地表示：“我其实没有做什么，我只不过在他小时候就教导他做人必须诚实、正直、勤劳和谦虚。我只是让他明白，一个人无论做什么，一定要知道自己生命的意义。”

孩子成长的过程，是人格形成的关键时期，也是正直品性养成的时间，妈妈的教育在此过程中的意义重大。正直品格的养成不是一朝一夕的事情，妈妈需要为孩子树立一个良好的榜样，以身作则，起到正直的带头作用，在生活中坚持正直的言行。然而，有的妈妈平时也许是愿意站在正直的一方的，但是一关系到自己的利益，比如在金钱面前、在名誉面前、在升职面前……她就要离开正直，就不说正直话，不做正直事了。这些不坚持诚实，没有绝对正直品德的妈妈是很危险的，她不仅会危害自己的前途，还会影响孩子人格的健康发展。此外，妈妈在培养孩子养成正直的品性时，需要让孩子在日常生活中对事物作出鉴别，并决定自己的行为选择。我们的孩子在成长过程中也将面临无数和我们一样的问题，所以，若想真正使孩子理性地看待问题就绝不能仅仅停留在一些一厢情愿的人生准则上，而应对社会现实保持敏锐的观察力，通过对事物的准确判断，做出适当的行为选择。

吃亏是福，吃亏也是一种美好品格

有一次，老舍在荣宝斋画店买回一幅齐白石画的白玉兰，回家后发现此画原本属于吴祖光，这是他们家陷入困境时被妻子新凤霞卖掉的。

后来吴祖光回京探亲时，老舍把他请到家中，然后把画赠还给他，对他说："我很对不起你，我没能把你所有的画都买回来。"然后提笔在绫绢上写下："物归原主矣——老舍。"

吴祖光和新凤霞后来常常对人说："老舍有金子般的心。"

当老舍成名之后，他对青年们十分关心，每一次有青年给他寄来自己的习作稿子，他都立即放下自己手中的工作，认真审校、回复。

老舍就是这样不计个人得失地为他人做事的人，成了一个人人称道的厚道的人。老舍之所以会有吃亏的美好品质，全是因为受厚道的母亲的影响。

老舍有一位姑母，常常在家闹脾气，是家中的阎王。她总是欺负老舍的母亲，可是老舍没有看见母亲反抗过。当别人都替他母亲感到委屈的时候，他母亲说道："没受过婆婆的气，还不受大姑子的吗？命当如此！"母亲在非解释一下不足以平服别人的时候，才这样说。

老舍感叹：母亲活到老，穷到老，辛苦到老，最会吃亏。给亲友邻居帮忙，都有求必应。但是吵嘴打架，永远没有她。她宁吃亏，不斗气。

在姑母死后不知道从哪里来的一位侄子，声称有继承权，母亲便一声不响，教他搬走那些破桌子烂板凳，而且把姑母养的一只肥母鸡也送给了他。

母亲的影响和朴素的教育，给老舍留下了终生难忘的印象。老舍在日后谈到他母亲的时候，曾经满怀深情地回忆说："从私塾到小学，到中学，我经历过起码有百位教师吧，其中有给我很大影响的，也有毫无影响的，但是我的真正教师——把性格传给我的，是我的母亲。母亲并不识字，她给我的是生命的教育。"

老舍为人善良、正直，而且做事很有原则，做任何事情心里总会设下一道界限，不会逾越，极有分寸。在他一生中，每当见到别人有困难时，他都会尽一己之力去帮助别人，留下了许多感人的故事。在这点上，他有一点佛家的慈悲心肠，总是不忍见到人家的痛苦，时常舍己为人。

老舍说："母亲这点软而硬的个性也传给了我。我对一切人和事，都取和平的态度，把吃亏当作当然的。"

然而，有很多妈妈认为吃亏不是件好事情，毕竟它会损害自己的一些利益。但是从长远来看，吃亏是一种智慧。

在工作之余，为亲人、为朋友、为同事、为单位、为公司，甚至为素不相识的人做些力所能及的事情，有时只是举手之劳，有时可能花费点时间，有时也可能在经济上会有点小小的损失，但是，你可能得到亲朋好友、同事、领导乃至社会的亲近、尊重、赞扬，这些都不是金钱所能买到的，这不是福是什么？有了这些，当你遇到困难时，别人也乐于向你伸出援救之手；当你干事业之时，别人也愿意给予支持，给予更多的帮助，你的事业自然就容易获得成功。

生活就是如此，喜欢占便宜的人未必能饱尝硕果，相反，喜欢吃亏的人总能得到上天的眷恋，得到便宜。

东汉时期，有一个名叫甄宇的在朝官吏，时任太学博士。他为人忠厚，遇事谦让，人缘极好。有一年临近除夕，皇上赐给群臣每人一只外番进贡的活羊。

具体分配时，负责人为难了：因为这批羊有大有小，肥瘦不均，难以分发。大臣们纷纷献策：有人主张抓阄分羊，好坏全凭运气。

有人主张把羊统统杀掉，肥瘦搭配，人均一份。

朝堂上像炸开了锅，大家七嘴八舌争论不休。这时，甄宇说话了："分只羊有这么费劲吗？我看大伙儿随便牵一只羊走算了。"说完，他率先牵了最瘦小的一只羊回家过年。众大臣纷纷效仿，羊很快被分发完毕，众人皆大欢喜。

此事传到光武帝耳中，甄宇得了"瘦羊博士"美誉，称颂朝野。不久在群臣推举下，他又被朝廷提拔为太学博士院院长。

甄宇牵走了小羊，表面上是吃了亏，实际上却占了大便宜。他因为"吃亏"而得到了群臣的拥戴，皇上的器重。吃小亏占大便宜，就是这个道理。

"吃亏"是一种境界，更是一种睿智。能吃亏的人，往往一生平安，幸福坦然。在生活中能吃亏的人是厚道的。

所以，聪明的妈妈要让自己的孩子懂得吃亏就是一种福祉，这样孩子就不会抱怨自己当学习委员的辛苦，就不会抱怨自己在班级活动中付出得太多，为此，他就会因为自己一点点的付出而获得老师的关爱，赢得同学的友谊，这样孩子在不知不觉中就会提升自己的能力。

吃亏也是一种福气，是孩子迅速成长的一种有效途径，吃亏的孩子能力也会得到充分的锻炼和提升，为孩子开启另外一扇窗。

和孩子一起感恩，在感恩中幸福生活

有一篇著名的小说讲的是父亲带着儿子生活，后来娶了一个女人。女人非常不愿意和年迈的爷爷一起生活，父亲于是买了一床毛毯，准备将爷爷送进敬老院。

拿到毛毯的爷爷心里非常难过，但嘴上还是说："你真是个善良的人，这条毛毯很柔软，盖上它一定会很舒服的。"这一切都被小男孩看在眼里，他竟对父亲说了这么一句话："不如将这条柔软的毛毯剪成两半吧，等我长大了，另一半就用得着了。"

孩子的话让在场的父亲感到震惊和心痛，他没有想到，自己在孩子面前将父亲送进敬老院，孩子将来也会把自己送进敬老院。没有人照料的孤苦生活是谁都不愿意的，孩子的话让父亲警醒：不能够这样对待养育自己的父亲。

小说中的故事告诉我们，要让孩子懂得孝顺父母，自己首先得孝顺老人。如果孩子从小就看到父母孝顺爷爷奶奶，他会受此影响，学着为父母做一些事情；反之，孩子也会按照父母对待老人的方式对待父母，冷漠、自私的父母很难教育出知恩图报的孩子。

感恩是一种美德，一个成就再大的人，如果不懂感恩，人们也会说他无情无义，对他嗤之以鼻；相反，一个失足的浪子，如果不忘亲友的恩情，人们仍然会对他有所怜悯。感恩不仅属于经历沧桑的侠客名士，也属于每一个平凡人。妈妈对子女有养育之恩，教养的辛苦和操劳固然让人疲惫，但也值得妈妈常怀感恩之心。

养儿方知妈妈恩。当自己成为妈妈的时候，首先想到的是妈妈养育自己时的辛劳。这种体验，也算得上是孩子送给妈妈的礼物。很多人成为妈妈以后，才发现生活的沉重。恋爱中的花前月下是那样美好，但生活本身是实实在在的。婚姻中难免会有冲突，当女人变成母亲后，她们开始成熟，懂得忍让和承受。孩子让家庭成为社会的一个小细胞，孩子让妈妈发现自己与社会紧紧相连，所有这些改变，是妈妈成长中的必经阶段，就像孩子会换牙、长高一样。养育的经历，值得妈妈心怀感激。

妈妈要感恩生活，也要把孩子培养成一个知道感恩的人。在培养孩子感恩意识时，妈妈不要给孩子讲道理，而要用实际行动来向孩子展现感恩的美好，一个不孝顺父母的妈妈教不出孝顺的孩子；一个不会向人表示感谢的妈妈教不出懂礼貌的孩子；一个不会感恩生活的妈妈教不出感恩的孩子，所以，一切的教育始于从妈妈自身做起。另外，妈妈也可以通过讲小故事来启发孩子。乌鸦反哺、企鹅抱卵的故事都可以讲给孩子听，这些故事比大道理更容易理解，孩子也乐于接受。

在孩子平时的交往中，妈妈还要引导他进行换位思考。如果他向妈妈抱怨阿姨送的帽子不是自己喜欢的，妈妈不妨告诉孩子："假如你跑遍商场给朋友买了一件礼物，朋友打开一看满脸不高兴，你会不会有点难过呢？如果对方高高兴兴地接受，并大大方方地谢谢你，你是不是会很愉快？"换位思考让孩子知道宽容接纳，也知道替人着想，这些都是感恩的表现。现在的独生子女，很难进行礼让和感恩的教育，这就要求妈妈一方面用行动影响孩子，另一方面也要让自己的小宝贝走出家门，多多认识朋友，在同龄人和不同年龄的人中学会与人相处的道理，慢慢地，孩子就学会感恩了。

一个孩子，如果能够从小就在感恩的环境中长大，那么他一定会生活得很满足，也容易养成自信、乐观、善良的品格，懂得感恩的孩子最容易获得这种心境给他带来的报偿，他会变得更加上进，更加不辜负周围的人。

而缺乏感恩意识的孩子，无论他的能力多么出色，都难以成为真正意义上的强者，因为社会难以接受和认可不知道感恩的人。妈妈要想把自己的孩子培养成一个强者，就必须培养孩子的感恩意识，教孩子感恩父母、感恩社会、感恩大自然、感恩每一个人。对生活常怀一颗感恩之心的人，即使遇上再大的灾难，也能熬过去。

不可因小东西而削弱大品格

李林的家境不错，有几套房子。才上小学的李林每天腰里揣着手机，只要有点事情就会打电话给妈妈。每个星期妈妈都会给他100元的零花钱，李林会如数花光，到街上的自动售货机买吃的东西。李林的妈妈，一天到晚都在不停地忙房地产的生意，和客户的电话不停，李林在家中经常与电脑游戏为伴。因为学习差，能力低，在班上很少有朋友。在这种环境下长大的孩子不会和妈妈沟通，唯一的交流方式就是找妈妈要钱。随着年龄的增长，李林想要的东西越来越多，花钱也越来越凶，无论妈妈一个月给他多少钱，总是不够花。物质欲望已经填满了他小小的脑袋。

妈妈为孩子创造富足的生活环境，这原本无可非议，但是如果无限制地满足孩子的物质需求，就是在害孩子了。妈妈们年轻的时候为事业打拼受了很多苦，有的妈妈就认为自己从前受过的苦，不可以在孩子的身上重演，应该努力为孩子创造富足的生活环境。妈妈的初衷可以理解，但是如果太过，就是对孩子的一种伤害。孩子会在妈妈无限制地满足自己的过程中，偏离健康成长的轨道。

孩子在成长的过程中，总是有着各种各样的需求，看什么都想要。妈妈在尽量满足孩子要求的同时也要清醒地认识到，不可能任何想要的东西都可以无条件地得到。妈妈要帮助孩子慢慢地理解这些，逐渐摆脱对物质的占有欲望。

孩子不用付出任何努力，就可以得到自己想要的，这对他们来说是有百害而无一利的。妈妈的纵容和疼爱，会不断助长孩子的物质欲望，容易使孩子养成任性、自私、缺乏同情心、没有责任感的不良品格，这是每位妈妈都不愿意看到的。

所以在家庭教育中，妈妈应该把握好满足孩子需要的这个尺度，鼓励孩子通过一些恰当的方式争取自己想要的东西，去实现自己的理想，这才是理智的妈妈应该做到的。

1. 不要让孩子轻易尝到甜头

很多孩子在妈妈不满足自己的要求时，会采取无理取闹的方式，这个时候妈妈很有可能招架不住，只好满足孩子的愿望。孩子尝到了甜头，也摸准了妈妈的软肋，如此下去，妈妈会节节败退，而孩子则攻城略地，不断地用同一种方法让妈妈妥协。所以妈妈对于孩子的威胁，不可以做出让步和妥协。

2. 拒绝孩子时理由要充分，让他心服口服

当孩子提出不合理的条件时，妈妈可以当机立断地予以拒绝，但是一定要和孩子说明理由，并且理由一定要充分，让孩子心里清楚明白，他是因为所提的要求不合理才遭到拒绝，而并非妈妈不爱他了。比如说，孩子想吃膨化食品，妈妈可以这样对孩子讲："你现在还不可以吃，因为这个东西含铅太多了，如果吃的话，脑袋就会变笨，这样很可怕，对不对？"孩子明白这个道理，也就不再哭闹了。

3. 和孩子说"不"的时候立场要坚定

妈妈在拒绝孩子的不合理要求时，态度要坚决，如果妈妈本身是模棱两可的态度，那就会让孩子觉得自己的要求没有什么不对。一旦孩子察觉妈妈的立场不坚定，经过一阵软磨硬泡，妈妈就很容易败下阵来。所以，妈妈在同孩子说“不”的时候一定要态度坚决，没有回旋的余地。

4. 及时表扬孩子的正确行为

当孩子听从了妈妈的规劝，放弃了自己不合理要求的时候，妈妈要及时表扬孩子，让孩子在表扬中得到情感上的满足。

孩子的天性总是什么都想要，但对于孩子物质上的要求，妈妈要把握好分寸，既不可以委屈了孩子，又要防止他产生对物质的占有欲望。妈妈应该循序渐进地教导孩子，不可以无条件满足孩子的物质要求，并且让他明白世界上有比物质更重要的东西。不要让孩子在物欲满足的过程中养成不良的品性，更不要因为这些物质的小东西而削弱孩子的大品格。

学会宽容，孩子就学会了爱自己

每一个妈妈都希望自己的孩子能有一个健全的人格，学会包容别人、欣赏别人，这是具有健全人格的重要方面。福莱曾经说过：一个不肯原谅别人的人，就是不给自己留余地。因为每一个人都有犯过错误而需要别人原谅的时候。学会宽容、学会大度，是我们每个人生活中的一件大事，整天被不满、怨恨心理所控制的人是最痛苦的。学会宽容也就是学会了爱自己。

作为妈妈，应该充分认识到宽容对孩子来说不仅是一种待人准则，而且是一种保护心理健康的习惯。现代科学研究发现，宽容有利于一个人的健康成长。美国密歇根州立大学的研究人员进行的一项研究发现，当人想要报复他人时，血压会明显上升；而在宽容他人时，血压则显著下降。因此，作为妈妈一定要培养孩子宽容的习惯。那么怎么培养孩子的宽容呢？

第一，让孩子学会善待他人。妈妈应该让孩子明白这样的道理，别人就是自己的影子，所以善待他人就是善待自己。对他人多一分理解和包容其实就是在支持和帮助自己。

张亚勤总是给人很宽厚的感觉，无论是外表还是说话的声音。他总能不经意间察觉到对方的杯子里是否需要添水，也会很留心让对方先坐在一个较舒适的位子上。可以看得出，他非常在意别人的感受，也很愿意与周围的人和谐相处。

张亚勤在美国读书当学生会主席的时候，天天忙着搞活动，跑来跑去的，成天帮别人帮得高高兴兴的。国内的企业代表团到华盛顿去访问时，他去当“免费司机”。“当时大家的关系都很近，一到周末就会聚在一起。特别有大家庭、团队的感觉，很值得怀念。”张亚勤这样说道。由于张亚勤的宽厚温和，他的朋友遍天下，与很多中国留学生在国外闭塞的生活很是不同。

第二，给孩子创造机会多接触同龄人，在交往当中取长补短，提高人际交往能力及社会适应能力，养成良好的性格。必要的时候应该让孩子体验一下不被别人谅解的难过，因为如果一个孩子不会谅解别人，就容易养成霸道、蛮横、自私、无情的性格，容易被孤立，今后走入社会就会吃大亏。

在美国达特茅斯大学读本科的中国女孩晓晓留学期间深有体会：心胸开阔、宽厚待人的学生一般都能够很好地适应国外的学习和生活。“我见过不少中国的学生总是聚在一起，因为他们发现和其他国的人交往起来很困难。他们觉得只要拿到学位，其他就无关紧要了。”晓晓说：“其实，这种想法是狭隘的，不利于人的成长和成才。”

晓晓解释道，中国孩子与外国人的交往困难，主要是由于文化差异引起的。美国人言谈比较自由，爱开玩笑，但同时他们不喜欢暴露隐私，他们做事比较随意，喜欢创新，但是对于制度性的东西确实说一不二，没有通融的余地。中外文化各具特色，要试着用开放的心态来包容对待，交往才会变得愉快。

一个人经历过一次忍让，就会多一分宽阔的心胸。多一分包容，就会多一个朋友，少一个敌人。“海纳百川，有容乃大。”让孩子学会包容，身边才能够充满知心朋友和良师。宽容不仅是待人的准则，也是一种有助于保护心理健康的小习惯。宽厚是交往和沟通的润滑剂，它会让孩子在宽松的人际环境里成长。心胸开阔的孩子适应能力会更强。

第六章

智慧妈妈顺利开启孩子 EQ 之门

生活中，情商高的人往往具有明显的优势，甚至有人说，成功与否 80% 取决于情商。孩子在学校里可以通过学习各种不同学科来提高思维水平，但是却没有任何一个课堂专门教孩子如何提高情商。毫无疑问，这个重任就落到了妈妈身上。

做孩子健康积极的情绪启蒙老师

楠楠是个刚满月的女婴，她长得白白胖胖，但却额头突出，下巴翘起，三角眼显得越发凹进去，如果是个男生长着这张脸的话还勉强能凑合，但安在一个女孩身上实在是有些不好看。由于长得丑，楠楠并不像其他婴儿一样受到大人的喜欢和疼爱，没什么人愿意逗她，也没什么人喜欢抱她，甚至她自己的爸爸妈妈也经常对着她唉声叹气：“咱家孩子怎么那么丑呢？”在她面前，充满爱意的笑脸是极其少见的，而经常是些或许讶异、或许蔑视、或许嘲弄的表情，而楠楠也越来来少出现笑脸，即使有人逗她，她也经常只是呆呆地观察着对方，而不轻易作出反应。对于一些不太友善的表情，她经常一眼就能够看穿，并用哭声表达害怕。

孩子的观察力是极其惊人的。他往往能直觉地察觉到对方的情绪变化和心理真实感情，而对方的情绪也会直接作用到孩子的情绪上。像案例中楠楠一样，如果别人看到她时带有厌恶等负面情绪，她的情绪也会比较低落，婴儿是不会敷衍地挤出笑脸的。看来，孩子的情绪是深受大人影响的，妈妈一定要从一开始就注意做好孩子健康积极的情绪启蒙老师，不仅自己要保持良好的情绪，对待孩子时更要有好的情绪。因为，妈妈是孩子最亲密的人，她对孩子情绪的影响最大，这样的影响从怀孕时期就开始了。

胎儿在妈妈的肚子里，能听见的声音都来自妈妈：妈妈说话的声音；心脏的跳动声；气管的呼吸声；血液的流动声，以及吞咽口水的声音等。如果胎儿在妈妈肚子里透过羊水听见的都是和缓、轻盈、愉悦的声音，那么他出生后，就会有个健康开朗的好情绪气质。反之，孩子就容易有一个消极灰色的情绪气质。

当小宝贝来到这个世界之后，他最熟悉的气味和声音自然还是妈妈，而他对情绪的种种敏感反应也源自妈妈。别以为小婴儿不懂得感受，其实不然，他完全懂得，只是不会表达。例如，当妈妈给孩子喂奶时，不管是母乳喂养或奶瓶喂养，宝宝的小脸蛋贴着妈妈的胸膛，一面吮奶，一面听着妈妈的心跳、呼吸、血液流动声。这是他最熟悉的声音和气味，所以他安全地吸着，并沉沉地睡着。

可如果在喂奶时，妈妈心里还在为刚才的不愉快生着气，心脏怦怦地跳；呼吸急促地响着；血液哗哗地流着，身体还释放着高亢肾上腺素的气味。此时小宝宝贴着妈妈的胸膛，小小的耳朵捕捉了所有的声音和情绪，他发觉不一样了，知道妈妈生气了，他很害怕，很不安全，所以紧张的他不能再好好地消化乳汁，也不愿安静地躺在妈妈怀里继续听着让他害怕的声音。于是，他不安地哇哇大哭。

宝宝慢慢长大后，他对妈妈情绪的捕捉已不再限于气味和声音，他学会了察言观色，他喜欢妈妈温柔的笑脸，害怕妈妈严峻的眼神，他知道妈妈高兴了，也知道妈妈生气了。他通过妈妈的脸部表情、肌肉收缩、声音气味来辨识妈妈的情绪，并且对这些情绪作出反应。如果妈妈开心的时候，他会跟着妈妈哈哈大笑，因为自己把妈妈逗乐而感到更加兴奋和欢乐；当妈妈不快的时候，孩子会感到不安；当妈妈流露出悲哀神情时，孩子也会随之变得忧郁起来。 所以，妈妈，不是爸爸，也不是爷爷奶奶或外公外婆，是孩子最初情绪的启蒙老师。孩子透过妈妈来探索世界，也学习妈妈怎样去表达情绪。如果妈妈希望孩子有个健康积极的情绪智商，除了自己要有个健康积极的情绪之外，在对孩子表现出任何情绪的时候，都要小心。

孩子的良好情绪来自妈妈稳定的情绪

莎莎是一个胆子很小的姑娘，她从小生活在爷爷奶奶身边，爷爷奶奶对她呵护有加，关爱备至。那时的莎莎性格活泼，常常逗得爷爷奶奶哈哈大笑。

莎莎6岁的时候回到父母身边生活，妈妈脾气比较暴躁，莎莎在她面前经常吓得什么都不敢说，不敢做。

一天，家里来了客人，妈妈让莎莎给客人倒水，一不小心，茶杯摔在了地上，妈妈当着客人的面劈头盖脸地骂道："你真是个笨猪！"生性敏感的莎莎羞愧得无地自容，眼泪大滴大滴地往下掉。当天晚上，莎莎做了一个噩梦，梦见妈妈恶狠狠地用眼睛瞪着她，并用手指着她的鼻子大骂。从那以后，莎莎只要看到妈妈就紧张，越紧张越出错，每当这时，妈妈都毫不留情地对她加以训斥。莎莎最后患了恐惧症，每天晚上都做噩梦，一点风吹草动都紧张得不行。

莎莎的妈妈是爱她的，这一点毋庸置疑，但是她无法控制自己的情绪，常常以粗暴的打骂来发泄情绪。生活在这样的家庭中的孩子，他们一般是在父母阴晴不定、时好时坏的情绪中惴惴度日。父母不高兴的时候，可能毫无原因地就对他们大发雷霆，高兴的时候，又可能对他们有求必应。在这样反复无常的生活中，孩子变得敏感多疑，时刻生活在对父母脸色的察觉之中，于是，他们最早学会的是预测父母的态度，在这个察言观色的过程中，他们也学会了犹豫，以此来观察危险信号。

妈妈在家庭生活中的行为，尤其是情绪，会对孩子的心理健康发育产生重要的影响。研究表明，妈妈在家中情绪友善平和，待人接物谦虚礼貌，有助于孩子的心理健康发育；而如果妈妈在家里经常情绪恶劣，则会让孩子经常处于紧张和恐惧之中，对于孩子的心理发育极其不利。

从孩子的心理健康发育角度出发，父母在日常家庭生活中要特别注意情绪控制，谨防孩子因自己的不良情绪而影响正常的心理发育。尤其是妈妈，与孩子相处的时间长、事情杂，更要保持一种积极的情绪。为了孩子的心理健康发育，以下几点情绪控制特别需要妈妈们注意：

1. 不要在孩子面前吵架动粗

爸爸和妈妈在孩子面前不管出于什么原因都不要动粗，或者与他人吵架动粗，都会让孩子产生紧张心理和恐惧感。父母经常在孩子面前大吵大闹，会让孩子精神高度紧张，心里滋生不安全的感觉。因而，妈妈们必须谨记不要或尽量不要在孩子面前吵架动粗。

2. 不要在孩子面前抱怨生活或表露颓废的情绪

妈妈是孩子的最大靠山，妈妈对生活的态度直接影响孩子的生活安全感和成长信心。如果妈妈经常在孩子面前抱怨生活，或者经常表露颓废的情绪，会使孩子过早接触到社会或生活方面的压力，会让孩子心里产生不安全感。对生活怀疑或颓废的生活态度可能会因此伴随孩子的成长，会让孩子身心过早地感受到不该承受的压力。因而，特别需要提醒妈妈们的是，无论你暂时遇到多大的困难和挫折，为了孩子的健康发育，请一定不要在孩子面前抱怨生活或表露颓废的情绪。

3. 不要在孩子面前责骂或批评他人

有的妈妈经常毫不避讳地在孩子面前责骂或批评他人，很多妈妈以为，孩子年幼不懂事，在他们面前责骂或批评他人对孩子没有什么影响。事实上，这不仅是一种非常不好的处世方式，更是一种不利于孩子健康成长的教育方式。这样的行为会让孩子对于妈妈日常正规教育产生怀疑，也会使孩子因此学到这种不良的处世方式，会扭曲孩子的心灵，使孩子的心理健康受到极大的影响。

4. 不要在孩子面前用偏激的语气来表达对事物的看法

有的妈妈性格比较极端，对于事物的看法也比较偏激，往往会在孩子面前无所避讳地说一些过激的言语。心理专家认为，妈妈过激的言语和情绪会让孩子的心理也往偏激的方向转化，会对孩子的性格塑造和心理发育产生不良影响。因而，为了孩子的心理健康发育，妈妈不要在孩子面前用偏激的语气来表达对事物的看法。

妈妈的情绪对孩子成长的影响是深远的，只有一个情绪稳定的妈妈才能教育出一个乐观、活泼、开朗的孩子。为了孩子的明天，妈妈们应该以一种良好的情绪来面对孩子！

坏情绪，不疏导就决堤

王女士曾遇到过这样一件有趣的事：一天深夜，她突然接到一个孩子打来的电话，对方的第一句话就是："我烦死他们了！"

"他们是谁？"王女士问。

"他们是很多人，我的同学、老师、爸爸妈妈。"

王女士感到突然，于是礼貌地告诉她："你打错电话了。"

但是，这个孩子好像没听见似的，继续说个不停："我学习不好，老师非常不喜欢我，同学们也都疏远我，爸爸妈妈听不进去我说的话……"

尽管这中间王女士一再打断孩子的话，告诉孩子，她并不认识她，但是孩子还是坚持把自己的话说完。最后，她对这位素不相识的王女士说："阿姨，您当然不认识我，可是这些话已被我压在心里多时，现在我终于说了出来，我舒服多了。谢谢您，对不起，打搅您了。"

原来王女士充当了一个听筒的角色。

案例中的小女孩举动看似错乱，实际很正常。它形象地说明了小孩子也会有很多烦恼，有很多复杂的情绪，需要有一个倾诉、宣泄情绪的地方，而且消极情绪往往是蓄之愈久，愈沉重压抑。

实际上，我们每个人在一生中都会产生数不清的意愿、情绪，但最终能实现、能满足的却不多。那些未能实现的意愿、未能满足的情绪如果被压制，就会产生一种心理上的能量，这种能量如果没有释放出去，它自身丝毫不会减少。即使你在压抑、克制阶段意识不到它的存在，也只是说明它从显意识层转移到了潜意识层，它对你的潜在影响依然存在，而且一直在找机会真正发泄出去。

消极情绪得不到宣泄与缓冲，不仅会影响人的心理健康，还会引起身体上的一些疾病，像高血压、心脏病、胸闷等都是由于消极情绪长期累积而致。其实只要把那些不愉快的事情说出来，心情就会感到舒畅，因此表达能起到一定的情绪安定作用。我国古代，有许多人在他们遭到不幸时，常常有感赋诗，这实际上也是宣泄情绪的一种方式。

对于消极的情绪，最好的办法是疏导，而不是堵塞。因为堵塞只能是暂时的，到一定程度就会造成决堤，那时情况失控，就更严重了。很多家长在孩子情绪消极时，不但没有给予关心和正确的引导，反而运用家长权威强迫孩子收拾好自己的情绪，就算是假装，也要表现出积极的情绪。

梅梅是个成绩优异的小学生，偶然有一次，她考试失常得了历史最低分 80 分，她心情十分沮丧，回到家后，妈妈一询问，梅梅就伤心地哭着告诉妈妈，谁知妈妈当场大怒，指着她说："那你还好意思哭，居然考了这么低的分，不准哭了，看着我心烦，赶紧擦干眼泪回屋学习。"梅梅的眼泪被迫止住了，但是心里却永远有了一道伤痕。从此，她考试时情绪特别紧张，害怕考不好被妈妈骂，因而，考试失常的概率更大了。

坏情绪对孩子影响本来就很大，如果家长不给予理解，帮助疏导，甚至用强权手段进行堵塞，孩子受到的影响将更大，后果更严重。

孩子的消极情绪是一定要宣泄出去的，但是宣泄不是让情绪的洪水到处泛滥。作家罗兰在《罗兰小语》中写道："情绪的波动对有些人可以发挥积极的作用。那是由于他们会在适当的时候发泄，也会在适当的时候控制，不使它们泛滥而淹没了别人，也不任它们淤塞而使自己崩溃。”因此，帮助孩子宣泄情绪一定要有度，比如，允许孩子一有怒气就大动肝火，一有痛苦就大哭大号，一有冲动就蛮干一通，这些不正确的宣泄方式反而会激起新的不良情绪。宣泄一定要合理，尽量不要指责别人，而用诉苦的方式，更容易博得别人的理解。或者引导孩子将消极情绪转移到另外一些对任何人都无害的事情上，比如听音乐、做运动、写日记、游玩等。

孩子的人际交往能力大多来自妈妈

罗恩的妈妈是一个慈善活动家，她关照社区的孩子和老人的生活，并且常常带着罗恩参加各种活动。妈妈常常告诫他要做一个诚实、勇敢、富有同情心的人。虽然妈妈的要求都是正确的，但妈妈因为事务繁忙，常常以命令的语气与罗恩交流，她不能容忍孩子有一点点异议，否则就会歇斯底里地痛哭，在孩子面前表现出受伤者的样子。

妈妈的反应让罗恩不敢有一点儿反抗意识，他也不愿意和父亲交流。罗恩的同学们常常取笑他是一个古板的人，毫无生趣。罗恩甚至连看自己喜欢的女孩子的勇气都没有。

很明显，罗恩已经在人际交往上出现了一些障碍，而这不得不归咎于他妈妈错误的教导方式。因为孩子在与人相处时是否心态自如，与他和妈妈相处时的心态有很大关系。能够与妈妈随时进行有效的沟通、交流感情的人，从小会在感情表达上比较明确、稳定，这也是决定他能否与他人自如交流的关键。

我们遇到过那种人见人爱的小孩，也见过那种惹人生气的小孩。有的孩子在你还没有开口之前，就已经领会了你的用意，这样的孩子被认为是冰雪聪明的；有的孩子比较被动，有问才有答，但是有问必答，虽然有点羞怯，也不乏令人怜爱的气质；但是，有的孩子就完全不能或者不愿意配合他人，就像是封闭在自己的世界中的小动物，处处提防，充满攻击性。很多人将这样的区别归结为天性，就像双胞胎中有静如处子的，也有动如脱兔的。但事实上，这些不同的反应都在一个框架里，反映的是孩子的同一种能力，即人际交往智能。

人际交往是每个人必须面对的现实。哈佛大学发展心理学家霍华德·加德纳指出，在社会活动中，人际交往智能的核心是留意他人差别的能力，特别是观察他人的情绪、性格、动机、意向的能力。人际交往智能使人能够了解他人，更好地与他人一起工作。这些属于非智力因素，取决于后天的培养与开发。孩子从一出生就开始了与他人的交往，随着年龄的增长，他们与人交往的意识不断增强，交往策略也不断丰富。

妈妈在儿童早期成长的过程中所进行的精心培养，将促进孩子在人际交往方面有良好的发展，对儿童将来走向社会、进行工作和学习打下坚实的基础。妈妈在培养孩子与人相处的能力方面，产生的影响尤为重大。

孩子从一出生，妈妈就与他有亲密的接触，孩子最初的触摸记忆和声音记忆都来自妈妈，妈妈是与孩子的身体和心灵靠得最近的人。等孩子长大以后，其他的孩子是否接纳他，关键在于他怎样去接纳别人、适应社会，而这种接纳他人的能力就是从模仿妈妈开始的。当孩子做错事情的时候，往往是妈妈给他安慰和鼓励；对于孩子在学校里发生的不愉快的事情，妈妈也会耐心地倾听并关注孩子的情感。所有这些对妈妈和孩子来说，似乎都是理所当然的事情。如果一位妈妈可以做到善意地倾听孩子的诉说，让孩子体会到被尊重、被珍视的快乐，孩子就会模仿妈妈的口气和神态，去分享他人的悲喜，这样的孩子很容易交到朋友。一般来说，一个热情的孩子往往有一位温柔慈爱的妈妈；一个性格古怪的孩子往往他妈妈的性格也比较古怪。没有妈妈的孩子，更容易走上冷漠的极端。

结交朋友是孩子人生中的重要内容，要求孩子做到最基本的交往原则，妈妈们首先应该看看自己能否做到耐心倾听、及时回馈赞美等。具体来说，首先要让孩子在家庭中学会沟通，在沟通中学会理解；其次，要尽量支持孩子与同龄人交往，如果孩子有成年人朋友，也不要过于担心，不妨看成是证明孩子社交能力的好征兆。

让游戏帮你塑造孩子丰富的情感

3岁的贝贝喜欢自己玩，她常玩的游戏包括过家家、打扮洋娃娃、学妈妈出门去上班等。贝贝的妈妈一开始很高兴孩子会自己玩耍，不会打扰大人。但有一次，妈妈仔细观察贝贝的游戏模式，赫然发现她反复模仿和演练的竟是妈妈的日常活动：买菜、做饭、梳妆打扮、电话聊天、匆匆忙忙出门去上班等，甚至会边穿衣服边拿东西，还会忙不迭地喊着："来不及了！来不及了！贝贝再见！贝贝要乖……要听话……"

孩子惟妙惟肖的动作、表情，让平时忙碌的妈妈哑然失笑，孩子竟然从游戏中体验到照顾他人、安排事情的乐趣。

妈妈想要让孩子有更多的情感体验，就需要抽出时间来陪孩子一起玩游戏。妈妈可以在家中模仿幼儿园的教学模式，设置一些特殊的"游戏角落"，布置玩具。玩具不一定要多精巧多高科技，家中安全的废弃物也完全可以利用起来，比如大纸箱、旧布、坏掉的门把，都可以变成孩子的宝贝，在孩子的游戏中变身成各种各样的角色，创造出各种不可思议的效果。例如，纸箱变城堡、火车；旧布变云彩、巫婆斗篷；门把变喇叭、假鼻子……孩子的想象力一旦被开启，往往连大人也望尘莫及。在玩的过程中，不但孩子的动手能力会得到很大的提高，他对感情的理解也会越来越丰富、深刻。

游戏，除了交流感情，还有一个重要功能，那就是培养孩子的健康心理。游戏的功能不在于让孩子知道多少知识，那是课堂上应该完成的事情，家庭游戏的重要作用在于，让孩子有众多的情感体验：快乐、幸福、激动、紧张、恐惧、同情、宽容等，也就是在模拟的世界中成长，逐渐塑造出丰富、成熟的不同情感特点。

另外，户外活动对孩子来说，也是必不可少的。孩子是属于大自然的，在美丽的自然中游戏会让孩子感触到壮阔、沉静、真实等在家中无法体会的情感。

多让孩子和其他人接触，多让孩子和其他人玩游戏，也是培养孩子丰富情感的好方法。与陌生人交流会为孩子创造更多玩耍学习的机会与空间，迈出社交的第一步。

多种方式综合运用，孩子的情感心理会有很大的进步，这就需要妈妈看到这种进步，正确地理解孩子体验情感、表达感情的方式。例如，陪孩子玩耍，除了创造多元机会与空间，更应确切掌握幼儿的听觉与理解特性。许多妈妈会从“大人”的角度和“小孩”互动，间接或直接安排甚或命令孩子怎么做、怎么玩、玩什么。其实小孩就是小孩，并不是“小大人”，他们是独立的个体，也拥有自己的想法，像是一个隐藏的“神秘宝盒”，我们只能逐步开启和循序引导，不能掌控。

一味争强好胜的孩子情感并不健康，不能坦然面对失败的孩子日后也会因此承受更多压力和痛苦。想让孩子成为出色的人，妈妈首先让他成为情感健康的人；要想让孩子拥有宽阔的心胸和坚强的意志，就需要从转变妈妈的游戏态度开始。

孩子的社交恐惧症病源在于妈妈，药方也在于妈妈

凯凯今年4岁了，原来一直都是爸爸妈妈带他，后来随着工作日渐繁忙，爸爸妈妈照顾孩子的时间也越来越少，于是将他送到了幼儿园，想让他适应一下集体生活。没想到几周后，幼儿园

老师打电话来，告诉凯凯的父母，说他们的孩子可能有社交恐惧症，建议进行心理辅导。爸爸妈妈很是诧异，每天上下学接送，凯凯一看见父母就笑逐颜开，回家也不停地说在幼儿园学到了什么新东西，没看出任何异常。于是爸爸决定请一天假，到幼儿园看个究竟。在老师的陪同下，爸爸来到了凯凯的班级，躲在窗外观察。他发现，无论是上课还是自由活动，凯凯总是一个人躲在小朋友们的后面。老师上课提问叫到他，他低着头、红着脸，不知道嗫嗫嚅嚅地在说什么；自由活动时，大部分小朋友都聚在一起玩，但凯凯却一个人搬着小板凳在边上玩积木。同时，父母注意到，晚上带凯凯散步，见到同院的叔叔阿姨，他从来不打招呼，要么装没看见，要么死命地拽着妈妈的衣角，往身后躲。而且也不常和同院的小朋友一起玩耍，有时候妈妈把他送去楼下的儿童乐园，让他和别的小朋友一起玩，不一会儿，他就自己回家了。

其实，这样的现象在许多孩子身上都很常见。我们知道，孩子由于缺乏独立生存能力和社交经验，在离开父母，独自面对陌生人的时候，会产生焦虑。随着和陌生人交往次数的增加，焦虑逐渐降低，最终会成为“熟人”。但如果长时间、反复出现持续的焦虑情绪和回避行为，就表示有社交恐惧症的嫌疑了。

社交是生活中人人不可缺少的活动，但有的孩子怕见生人，甚至与熟人谈话时都感到紧张和脸红，不愿到人多热闹的场合；有时还会口齿不清、口吃、不敢抬头看人；严重时，在与人交往中出现惶恐不安，出汗、心跳加快、手足无措等现象。这些现象称为“社交恐惧”。这些孩子常常被某些家长误认为孩子老实、听话、不顽皮。其实，这些孩子的心理出现了一定的问题，社交恐惧实际是孩子自卑的一种外部表现。

孩子社交恐惧的根源其实在于妈妈。这些孩子，生活中常受到妈妈的批评，有时只是因为一个小小的过错而遭到妈妈过分严厉的训斥，甚至体罚，有时因为妈妈情绪不好而毫无缘由地发泄到孩子身上。孩子在这种家庭里，便产生惧怕心理，孩子甚至不能辨别该做什么，该说什么，什么是对的，什么是不对的。孩子大多数时间生活在恐惧和焦虑之中，他们从妈妈的行为中得出这样一个结论：自己很无能，总是做错事，是个一无是处的孩子。这类孩子长大后，可能会有程度不等的社交恐惧倾向，严重者会成为社交恐惧症患者。患了此病，无法建立稳定的人际关系，他们会变得内向、孤独，人也会变得消极、悲观。

孩子害怕与人交往，不敢与陌生人说话，不愿意到人多热闹的场合……孩子的这些行为让妈妈感到很烦恼，那么该如何提高孩子的社交能力，避免孩子患上社交恐惧症呢？妈妈可以从以下几方面来鼓励孩子。

1. 要关心孩子的感受并且帮助他

遇见老师、同学、叔叔阿姨，孩子无视打招呼的人，会令妈妈感到不自在，此时，妈妈应该考虑孩子的感受，只能看在眼里，放在心中，不能外露，不要强迫孩子。如孩子因羞涩而不愿与别人交往时，妈妈首先要接纳这一点，然后给予具体的帮助，以克服这种胆怯。千万不要给孩子贴标签，比如说：“不要对别人这样粗鲁，太没礼貌了。”因为这样会将标签永远贴在孩子身上。当有人打招呼时大人可代替孩子回答，如果邻居问：“小明，今天和爸爸妈妈去哪儿了？”大人代之答：“我们去看电影了，是吧，小明？”小明也许会回答：“是的！”这样可以自然地帮助孩子进入谈话的角色。孩子需要帮助指导，但首先要尽量让他自己开口说话。

2. 做些角色扮演游戏，帮孩子在家中练习社交技巧

家是孩子最熟悉的地方，在家里孩子可以无拘无束。因此，在家的时候，妈妈可与孩子做一些角色扮演的游戏，例如，大人当乘客，孩子当售票员，进行乘公交车游戏。如果他迟疑不决，还可以交换角色，或换一种角色游戏。平日要鼓励孩子回答常问的问题，如“你的玩具娃娃叫什么名字？”“我们到外婆家去，你要穿花衣服还是红衣服？”要多鼓励孩子回答问题。

3. 让孩子有学习社交的机会

妈妈可以给孩子提供一些学习交往的机会，如每次带孩子出门，可与其他妈妈打招呼，去商店买东西时与售货员交流，拜访亲友，在家中招待客人等，都是让孩子学习如何与人交往的机会。妈妈不但要为孩子树立榜样，还要教会他交往技能。交往技巧不是天生就有的，而是后天学来的，要让孩子有学习的榜样，这样他就会慢慢地学会与人交往了。

让孩子融入集体，收获来自群体的快乐

津津本来是一个活泼外向的小女孩儿，但是上小学以后，她却慢慢地变得内向。这是因为妈妈对她管得太严，每天放学都来接她回家，不让她在学校逗留，也不让她和小朋友们一起玩。津津对妈妈抱怨过很多次："妈妈，为什么其他同学可以在学校玩一会儿跳皮筋、踢毽子，我就不能呢？我想和他们玩一会儿，就一小会儿都不行吗？我现在都没有朋友了，大家都知道我不能跟他们一起玩，所以都不和我玩了……"

无论津津怎么抱怨，妈妈都雷打不动。"放学就是让你回家的时间，在学校有什么玩的？再说了，这多浪费时间啊，而且玩多了就贪玩了，就不喜欢学习了，你愿意做他们那样贪玩的坏孩子吗？"就这样，津津远离了同学们的课外活动，也疏远了同学，她慢慢变得内向，跟同学和老师的沟通也越来越困难。

世界著名潜能大师博恩·崔西说："一个人的幸福快乐80%来自和他相处的人，20%来自自己的心灵。"所以，如果妈妈希望孩子多一些快乐，最便捷的方式就是鼓励孩子参加课外活动，无论是参加各种俱乐部、各种运动会还是各种公益组织，在参与的过程中不仅培养了孩子的领袖才能、团队意识、社会责任感和服务精神，进而使孩子的品质趋向完美，还让孩子收获了朋友之爱、团队之情、集体之义，丰富的情感体验大大增加了孩子的幸福和快乐之感。

在团体活动中孩子容易寻找到热情和快乐。一个正面、积

极的团队是孩子热情的源泉，妈妈可以召集孩子一些思想积极的朋友、同学，每个月聚会一次，一起讨论达到目标的方法，彼此激发脑力。团体活动能为孩子提供更多与人交流的机会，许多性格和能力要在集体生活和游戏中才能养成，如团结、大方、礼貌、遵纪、自尊自爱、竞争意识、牺牲精神、合作意识、组织协调能力、集体观念和服从精神等。这些品质和能力是集体之外的活动所不能够培养的。

为了鼓励学生身心的全面发展，美国的学校通常都会组织各种活动，鼓励学生多多参加，即便像表演舞蹈这样要求条件比较高的表演项目，只要本人愿意参加，学校一定欢迎，绝对不挑不拣，以维护学生的积极性和自尊心。平时老师除了教授文化课之外，还会与同学们一起打球、练操、做游戏；万圣节，老师也会扮鬼脸与学生一起参加晚会；圣诞节，老师与学生互相赠送自己制作的贺卡，写上真挚的祝福；学年末要放假了，大家会在一起共进午餐，每个学生带一份具有本国特色的食品共同品尝，一边用餐一边娱乐，其乐融融，像是一个大家庭。学生们在这样的气氛中学习和生活，没有压力，既有利于培养他们的团队精神和参与意识，又有利于丰富孩子的情感体验，让他们感受到与人相处的乐趣和快乐。

集体是成长的动力，会渐渐培养孩子的组织协调能力、语言表达能力、团结合作能力，并磨炼出坚强的意志和良好的为人处世技巧，而这些恰恰是以后的人生道路上所需要的。也许这些不像高分成绩能给孩子带来立竿见影的好处，但是从长远来看，在集体中磨炼出来的高情商，会成为孩子今后人生道路上最有力的保障。

所以，如果想让孩子有良好高尚的品质、优秀的人格魅力、高超的情感智商等，妈妈就要积极鼓励孩子融入集体中，参与到集体的课外活动中。妈妈可以教育孩子从为集体做好事开始。例如，在学校主动打扫卫生、为朋友打开水、帮老师擦黑板等；要让孩子知道自己是集体中的一员，应该为集体争光。遵守集体规则，维护集体荣誉。如果轮到自己的孩子做值日生，妈妈不要认为会累坏孩子，一定要他们早点儿到学校去，不要迟到；妈妈也不要阻拦孩子参加班级活动。集体因为每一个人的存在才成为有机整体。

集体活动中缺少了谁，这个有机体都是不完整的。你的孩子参加一次班级篮球赛，在赛场上会学到团结与合作；参加一次班级春游，会发现因为有了同学的陪伴而使春天更加灿烂；参加一次班级合唱团，能知道他所在的那个音阶对整首曲子来说是多么重要。而这些，都是孩子一个人玩球、一个人爬山、一个唱歌时体会不到的，是从集体活动中获得的。看似什么都做，实则体现了教育中“培养完整的人”的理想。

人，都是离不开群体的，孩子也不例外。所以，让孩子融入他的集体吧！他有权在集体中收获他本该拥有的快乐。

天才儿童更需要情商培养教育

15岁的美国中学生杨格，在10年级还没有结束就已经自学完高中所有的数学与科学课程。他决定提前申请大学，而且是申请美国一流的大学。没有想到的是，杨格竟然会连中三元，美国最顶尖的三所学校哈佛、麻省理工和加州理工同时看中了他。

不管天赋如何，15岁的杨格毕竟还是个孩子。如果严格决定当年就进入大学读书，就会出现一个很有趣的难题：因为他没有修完高中毕业所需要的学分，所以无法获得高中毕业文凭，但是在4年之后他可以得到美国最一流大学的毕业文凭。不过杨格想延后一年进入大学，先把高中毕业证书拿到手。至于选择哪一所大学，杨格自己也拿不定主意，他甚至孩子气地说，如果实在无法抉择，那就用扔硬币来决定。

杨格的妈妈是一位普通的办公室文员，一名普普通通的美国女性。她对于儿子能被哈佛大学录取，自然也是满心欢喜的，但她没有四处炫耀，也没有觉得自己在别的家长面前很有面子。这位“神童”妈妈倒是说了一句很令人深思的话：“这个孩子好奇心很强烈，冲劲也很足。我唯一担心的是，他好像不明白青少年时期一生只有一次，将来还有很多时间慢慢成长，我希望他早日了解这一点。”

这位美国妈妈讲述的是一个成长中很深奥的道理，那就是不论一个人如何有才华，在他的少年时代心理素质依然脆弱。什么才是妈妈不应该忽略的子女教育呢？那就是孩子的心理建设。孩子的心理建设非常重要，会影响他的一生。在现实的生活中，有更多的天才不是笑傲天下，而是一无所成且非常压抑。因为聪明的孩子往往被同伴孤立，或者是对过于简单的学业不屑一顾，结果他们的辍学率竟和普通的学生是一样的。对于过分聪明的孩子，培养出健康的心理素质更重要。所以，这位美国妈妈不怕孩子没机会读大学，而是更注重让孩子在青春期有充分的体验并培养出健康的心理素质。

曾经有一位华裔妈妈谈到她 14 岁的孩子上大学的故事，这位妈妈是个过来人，她很有感触地提到，孩子从中学跳级到了大学之后，要立即面对大学课程，同学又都比他大三岁或者四岁，想法都差了一截，除了讨论课程之外，根本难以沟通，无法交往。孩子感觉自己无法享受到多姿多彩的大学生活，最终只得辍学在家。

研究表明，天才们大多也会被同样的烦恼所困扰，波士顿大学的心理学教授艾伦·文纳在他的著作《天才儿童：神话与现实》一书中说到了天才儿童必然要面临一个残酷的事实："在一个个人魅力和性格更能决定失败的世界，他们的考试成绩不再重要。新的认识可能会让人感到措手不及。"

被广泛引用的例子是在 20 世纪 20 年代，美国的心理学家特曼曾经做过一项大规模的研究，他首先使用智力测验来鉴别超常儿童。通过测试，他筛选出 1200 个天才儿童，在美国政府的支持下为他们提供了最好的教育条件，给他们提供尽可能多的知识积累，精心培养，希望从他们中间出现像爱因斯坦那样伟大的人物。50 年后，特曼的追随者们寻找到了其中的 800 人，调查的结果发现，在他们中间，大师级的科学家并不多见，对国家有杰出贡献的一组人，是具有坚强的意志品质和良好人格特征的人。

“情商”看起来和成功密切相关。美国儿童心理和行为矫治专家们的一系列新研究已经证实，正是神童的超常智力，有可能成为他们在社交生活中意想不到的一大障碍，尽管他们的智商很高，但“情商”未必一定高，心理上也远未发展到成熟的阶段。

14岁的美国人罗伯特·枚瑟是人们所说的超级天才，他在穿着尿片的时候就和母亲在超市里讨论应该买什么牌子的衣物柔顺剂，他躺在摇篮的时候就已经思考转世轮回的问题，可是他有的时候却对自己的天赋充满着诅咒，因为巨大的天赋往往伴随着巨大的期望。再加上媒体的大肆追捧，使得他畏惧失败，在沉重的外界压力之下，从而导致了心理疾病。

什么样的教育对天才儿童才是最好的呢？

美国加州的“天才教育”理念被越来越多的人所认同，它的特点是，从与社会隔绝的“精英教育”转向根植社会，从重视学生单方面的才能转向多种能力的均衡，从只重视学习成绩转向重视学生的社会情感需求。天才儿童的教育，不仅仅是单方面的智力培养，而应该是全方位的发展和培养，尤其是人格和情商的培养。这种“全人教育”的思想，更适合超常儿童的教育。

能够延迟满足的孩子才能沉住气做大事

美国心理学家沃尔特·米舍尔通过一项果汁软糖实验发现，一个人在孩童时期越能抵制住诱惑，以后的人生就越幸福。

沃尔特·米舍尔教授在20世纪60年代就开始了这项实验。在加利福尼亚州斯坦福大学的一间幼儿园里，米舍尔教授找来了10个孩子，在每个人面前放一块果汁软糖，同时明确地告诉他们：眼前的这块糖可以吃，但是如果没有马上吃，等到他回来之后再吃就可以多得一块。他说完便离开了教室。

米舍尔在外面默默地观察孩子们的表现，有三分之一的孩子马上就开始吃糖果了，还有三分之一的孩子一直等到米舍尔教授回来兑现额外的奖励之后才开始吃，另外三分之一的儿童开始坚持但是后来实在忍耐不住决定放弃了。

这次实验并不是到此为止，米舍尔教授一直在关注这些孩子后来的成长。直到14年后这些孩子中学毕业了，开始进入高等院校学习或者进入社会工作，米舍尔教授开始对这些孩子逐个分析。他发现当年马上开始吃糖的孩子在青少年时期表现得缺乏自信，与同龄人相处不好；而那些等到最后才吃糖果的孩子交际能力强，有主见，并且学业出众。“等待者”比“不等待者”考试成绩平均高出很多。

米舍尔教授通过多年的观察得出了最后的结论：对待糖果诱惑的态度与日后成功与否有很大的关系。儿童在吃糖之前，等待的时间越长，以后的生活就越幸福。

为了说明这种现象，米舍尔教授提出了“延迟满足”这个概念，能够坚持等待就是能够延迟满足。而具有延迟满足能力的孩子在成人以后更容易获得成功。

英国的《泰晤士报》曾经对这项实验进行评论，果汁软糖实验有助于研究由情绪决定的人类特性，这一实验是研究情绪智商的基石。

能不能忍耐和长时间地等待，是孩子自制能力强弱的一种表现。生活中并非事事都尽如人意，这就需要孩子有良好的忍耐力，能够延迟满足，沉住气做大事。良好的忍耐力是孩子情商高的标志，妈妈可以在孩子 2 岁以后就开始培养他的这种忍耐力。比如说，当看到冰箱里的冰激凌，孩子嚷嚷着要吃，但是他此时正在咳嗽，妈妈就应该为孩子解释：“你正在生病，吃了冷的食物嗓子就会说不出话来了，等过几天再给你吃吧。你先吃个蛋筒。”这样一来，既培养了孩子忍耐力，又引导孩子学会权衡利弊，选择吃蛋筒。

表面上看来，让孩子晚一天吃到雪糕，迟一个星期得到他渴望的玩具是些微不足道的小事，但是这些却和孩子性格的养成直接挂钩。在妈妈的百依百顺中，孩子的欲望会无止境地增加，情绪自控能力越来越差，不良行为也会随时爆发，弄得妈妈措手不及。习惯了在期待中获得满足的孩子，能学会主动控制自己的情绪，不会为自己的要求被拒绝或暂时被拒绝而大吵大闹，将来也能够抵挡得住眼前小利的诱惑。另外，在期待中获得满足，孩子才会倍加珍惜这来之不易的幸福。

一个孩子不管多么有天赋，如果想取得更大的成就，都必须放弃眼前的安逸，要通过自己付出持之以恒的努力才可以达到。所以，妈妈在教育孩子的过程中也应该有意识地培养孩子延长等待满足欲望的时间，以此来训练孩子将眼光放得长远点儿，培养孩子更强的忍耐力，培养孩子更高的情商，为孩子取得更大的成功奠定基础。

稳定的人际关系是孩子今后的人脉来源

人是社会的动物，必须拥有别人的信赖才能取得成功，因此，建立稳定的人际关系显得尤为重要。而当今社会最讲究的就是互助与合作，那些善于在自己的生活中组织各种人际关系、做人比较成功的孩子，将来在事业上也会比较成功；而那些无法创造出稳定的人际关系，甚至与人在相处过程中出现障碍的孩子，将来在事业上也会比较失败。

有些妈妈认为孩子不能和其他人愉快相处没什么关系，只要自己的孩子学习好，人聪明就可以了。可是我们的社会不是独立的个体，一个再聪明的孩子，如果不懂得如何与人交往，也只能是一个“孤家寡人”式的神童。当今世界越来越需要人与人之间的合作与互助。那些以自我为中心，不懂得社会交往规则的孩子不可能在将来有所作为，因为一个人只限于自己的知识，而不懂得与人相处，那么他的潜能就无法施展出来。即使他是所谓的神童，也不会做出什么惊天动地的事情。更何况大多数孩子都是平凡普通的，谁拥有人脉，谁就能赢得胜利。

善用人脉关系，已经成为社会的一种“潜规则”。

众所周知，美国前总统克林顿成功竞选正是由于他拥有众多高知名度的朋友，而这些朋友在他竞选中扮演了举足轻重的角色，具有不可估量的作用。这些朋友包括他小时候在热泉市的玩伴，年轻时在乔治城大学与耶鲁法学院的同学，以及当学者时的旧识等。当演说家罗安数年前应邀在阿肯色州热泉市为旅游业年会做演讲时，他才深刻地体会到这些人对克林顿总统的支持，明白了克林顿总统在竞选中的人气。

大人物很多都是依靠他们所拥有的人际关系成功的。

美国石油大亨洛克菲勒在总结自己的成功经验时曾表示：“与所有的能力相比，我更关注与人交往的能力。”正是洛克菲勒这种卓越的人脉沟通能力成就了他辉煌的事业。

与人相处的能力，也是考察孩子的一种综合能力，它包括很多因素，比如和小朋友在一起，他要考虑应该怎样和人家说话，怎样才能够表达清楚自己的意思，怎样别人才不会讨厌自己，不但要求有语言表达能力，还要有计划的谋略以及自身的磨合能力，想到了这些，你还能忽视孩子的人际交往能力，觉得这是件可有可无并不重要的事情吗？

为了孩子能够与别人和睦相处，为了让他成为有很多朋友的人，妈妈们应该要求孩子做到最基本的人际交往要求：友爱、协作、大方、开朗、公道、礼貌、自尊、责任心、组织能力等，目的是让他以这些作为与他人相处的准则，让他能够与别人以适当的方式交往。那么妈妈们怎样才能有效地培养孩子与人交往的能力呢？妈妈们可以从以下几个方面入手：

1. 不要限制孩子的交往

有些妈妈只希望孩子学习好，其他的人际交往都不让孩子参加。家里来了客人，孩子刚跑过来，妈妈马上训斥：“去去去！小孩子不要多事，做功课去。”如果孩子有其他活动要和伙伴们外出，妈妈就横加干涉：“有什么好玩的，待在家里看书。”在限制交往中成长起来的孩子，在与陌生人交际时，就会显得畏首畏尾，甚至连一句话都说不出来。

2. 教孩子学会关心他人，为他人着想

人际关系很大程度上是人际彼此相互作用的结果。若希望得到别人的关心，首先就应关心别人。妈妈平常应该多教育孩子关心身边的人，同学生病了，可以去看望一下；邻居需要帮助的时候，教育孩子给予邻居必要的帮助；自己有的东西，也可以和小朋友们一起分享。学会关心他人，是人际交往的基础。

3. 鼓励孩子多参加团体活动或团体游戏

孩子在和小朋友合作游戏的时候，往往能体现出与人相处的能力，以及对人际关系局面的控制能力。多让孩子和其他小朋友一起玩，不但能够在游戏中锻炼孩子的团体合作意识，还能够训练孩子对人际关系的协调处理能力，孩子的性格也会变得开朗活泼，容易与人相处。

4. 加强孩子自身素质的提高

注意加强对孩子能力的培养，如运动能力、歌唱能力、对知识面的扩张等，只有提高多方面的能力，才能产生信心和勇气，在与人交往的时候就能怡然自得，底气十足。

总之，一个人的成长、发展、成功，都是在人际交往中完成的，甚至一个人的喜怒哀乐也都与他的人际关系息息相关。妈妈只有让孩子拥有交际的能力，才能让他们在人生的舞台上自如地起舞。

孩子不仅要有家庭小圈子，也要有属于自己的圈子

《钱江晚报》联合搜狐女人社区曾做过“你的宝宝有圈子吗?”的儿童社交情况调查，共有 289 人投票，其中父母为独生子女的 64.58%，非独生子女的 35.42%；宝宝年龄在 0 ~ 3 岁 41.67%，4 ~ 6 岁 36.81%，7 岁以上 21.53%。近半人认为，自己的宝宝不太会和人相处，近 7 成的家长认为自己的小孩会孤独，需要伙伴。

其实，孩子和妈妈的交流无论多么充分，终归也比较单一，因为孩子无法从中学会社会内容，也很难学到有关的社会技能，这样的小孩很难成功也很难快乐。所以，妈妈要鼓励自己的孩子不要总待在家里，而是要走出去，建立属于自己的人际圈子。

在人类这个大集体中，存在着某种内聚力，这种内聚力不能单纯地以个体力量的简单相加来计算。正如戴尔·卡耐基说：“狼的力量只存在于狼群中。一个人事业的成功只有 15% 取决于

他的专业技能，另外的85%要依靠人际关系和处世技巧。”从小就不会与人相处的小孩，长大很难成功也很难快乐。

卡耐基认为，社会交往能增强一个人的能力。一个人接触面越广，那么他的知识、道德将长进得越快。如果与人断绝来往，那么他的一切能力都有可能会减弱。所以，人应该不断从他人的身上学习长处，参与各种团体活动，获得精神上的食粮。所以，妈妈应该鼓励孩子建立自己的小圈子，如果不和他人合作，有些潜伏着的力量是永远发挥不出来的。很多人以为，不需要别人的帮助是一种实力，事实上，真正有实力的人，是能够凭借别人的帮助实现梦想的人。

让孩子建立属于自己的小圈子，维护自己的圈子，是对他人际交往能力的一大考验，也是为他将来走向社会奠定了扎实的基础。在训练孩子交往能力之前，先要说明的是，家庭是孩子一个很重要的成长环境。妈妈与孩子本身就是一个小圈子，和孩子共同经营好这个圈子，是迈入人际交往的第一步。要想让孩子成为一个乐于交往的人，要想让孩子变得更加乐观、开朗，首先就要把家庭这个小圈子营造好，让孩子在健康的圈子中学会基本的与人打交道的本领。妈妈们可以从以下几个方面做起：

1. 让孩子学会感恩

当孩子对妈妈说“谢谢”的时候，很多妈妈会说“不用谢”，这是妈妈应该为你做的。也许，正是你的这些话让孩子真的以为你为他做的一切都是应该的，不用心存感激，也不用报答。久而久之，孩子不仅仅对父母没有感恩之心，对其他人也不会有谢意，孩子自私自利、不懂感恩的性格就这样形成了。而一个不懂感恩的人，在社会上是无法立足的。所以，妈妈要让孩子从小学会感恩，从家庭中学会感恩。当孩子向你致谢时，坦然接受；当孩子为你做事时，放手让他表现爱。让他在感恩妈妈的过程中，学会感恩别人。

2. 教孩子学会分享

人是群体动物，必然离不开分享。一个不会分享的孩子，必然会在社会群体中遭到排斥。妈妈想让孩子在人群中合群且具有人格魅力，学会分享就是孩子必须学习的课程。每个妈妈都可以把家里的好吃的让给孩子吃，但是千万不能这么做，而是应当着孩子的面，将东西平均分配，让每个家庭成员都享有，让孩子从小就知道，东西都是需要分享的。

3. 教孩子学会宽容

妈妈如果宽容对待孩子、对待爸爸、对待家庭里的每一个人，孩子自然也会学习宽容对待别人。每个人都会犯错，都需要得到别人的谅解和宽容，这是孩子必须知道的道理。妈妈可以通过宽容对待孩子的错误来让孩子深刻感受到宽容的力量，让他把这份力量传递出去。家庭这个小圈子是孩子最先接触也是最多联系的圈子，妈妈一定要让孩子在这个圈子里快乐健康地成长，并积累为人处世之道，以帮助他创造属于自己的更大的圈子。

“伙伴危机”会对孩子的健康成长造成不良影响

有一个孩子两三岁时，家住在楼上，他经常要求下楼去玩，因为楼下有许多小伙伴。每当妈妈让他下楼玩时，他就像飞出笼子的小鸟一样，高兴极了。有一次，他从家中选了两件有趣的玩具带下楼去，原来，楼下的孩子们都比他大几岁，他这个“小不点儿”来到楼下，不会引起玩兴正浓的小朋友们的注意。为了引起小朋友们的注意，他便把玩具放在显眼的地方，尽力吸引那些孩子的注意。当他发现这样做也未能引起小朋友们的注意时，便将玩具摔一下，发出响声来引起他们的注意。从这些举动中便可看出幼儿是多么渴望与伙伴交往和玩耍。当他独自玩游戏的时候也常会假想有伙伴同他一起玩，他一面动作，一面口中念念有词，有问有答，玩得十分投入。

有一项社会调查显示：几乎所有的孩子都喜欢有同伴与自己一起玩耍；但有 46.7% 的孩子缺乏玩伴，经常一个人玩；平时只有 9.7% 的家长经常和孩子玩，节假日也只有 15.6% 的家长能陪孩子玩。近 50% 的孩子找不到玩伴，这种“伙伴危机”会对孩子的健康成长造成不良影响。

人的实质是社会关系的总和。孩子应该在朋友圈中长大成人，这对于今天的独生子女来说尤为重要。现在，我国城镇的家庭幼儿基本上都是独生子女，孩子在家中没有兄弟姐妹，又多居住在单元房的封闭环境里，往往是在家中一个人玩儿或看电视等。这种环境使得许多孩子缺乏与人交往的机会，造成交往能力低下，这是个应该重视与解决的问题。

孩子主要是在与小伙伴交往中成长，逐步实现社会化的。他们在与伙伴的交往中可以相互交流知识、经验与技能；在与小伙伴交往中认识自己、了解他人；在儿童小社会中体验各种欢乐与苦恼，培养起诸如同情、分享、合作、友爱等一些良好的社会情感和行为。总之，培养孩子交往能力是幼儿社会性发展的重要内容，它关系到孩子的身心健康与生活的幸福，并将影响孩子将来走上社会后人际关系的好坏与事业的成败。

在交往方面大体有这样三类孩子：一类是善于并乐于和小朋友交往，共同游戏，而小朋友们也都愿意和他玩；另一类是喜欢参与伙伴游戏但不受欢迎，因为这类幼儿常出现不友好行为；还有极少数幼儿表现孤独，他们不会也不愿和小朋友交往与共同游戏，总是独处。第一类孩子大多具有活泼开朗的性格、善于交往，一般生活得非常愉快，而后两类孩子，特别是第三类孩子，生活就不会很愉快，身心也就不可能健康发展。因此，妈妈们应注意培养幼年子女与小伙伴交往的能力。

很多妈妈认为培养儿童交往能力，改善其人际关系是学校教育的事，便忽视了家庭教育在这一方面的作为。国内外大量研究说明，学龄前期是儿童接受社会化的最佳时期，而这一阶段儿童在家庭中接受的早期生活经验，将深刻地影响其一生。学龄前的儿童最初是在与妈妈、家人接触中学习交往的，所以妈妈和家人要经常与孩子交谈、玩耍，在家庭这个群体中培养孩子交往的能力。

但孩子与家人之间的交往和与小伙伴的交往是不一样的，

孩子的交往能力更需要在儿童时期培养，而伙伴交往对幼儿发展具有很大的必要性，是幼儿的一种心理需要。孩子从两三岁起就有了与小伙伴交往的愿望，此后，这种愿望不断增长，成为他们强烈的心理需要。因为幼儿最喜爱游戏，而小伙伴就是他们最理想的游戏伴侣，幼儿与小伙伴在游戏中交往可使他们获得许多欢乐与满足。良好的同伴关系能使孩子具有安全感和归属感。这种归属感只能在群体中获得，它能减轻孩子由于孤独而出现的焦虑和恐惧。

“二战”期间，有6个妈妈都被纳粹分子杀害的孩子，他们被关在集中营内达3年之久。在这没有成人照顾的日子里，6个孩子紧密地团结在一起，相互之间形成了强烈的忠诚和依赖。正是这种依恋感情，才促使他们相互依赖、相互支持，最终都发展成为身心健康的正常人。另外，在良好的同伴关系中，当孩子知道团体中的其他人赞同或肯定自己的某些方面时，他将愿意与他们共享群体的规范，获得群体的认同，这对孩子的自尊感具有积极的影响，孩子易表现出友好、谦虚的品质和低焦虑，能顺利适应环境。

孩子同伴的经验有利于自我概念和人格的发展。在孩子与他人的相互作用中，孩子才能根据自己与妈妈、老师、伙伴的交往经验确立他们的自我，从而促进人格的健康发展。而不良的同伴关系有可能导致孩子对将来学校生活的不适应，甚至会对以后的社会适应造成消极影响。

另外，幼儿在与伙伴交往中往往更有利于促进其发展。孩子与家人交往不能代替与伙伴交往，因为成人与幼儿不是一种对称型关系，如成人绝不会与孩子争抢玩具、食品等，在很多问题上成人与幼儿不可能“一般见识”。而小伙伴在一起有着差不多的心理发展水平、兴趣、需要等，会遇到许许多多和成人在一起不可能遇到的矛盾，而处理这些伙伴间的矛盾，学习协调人际关系，正是孩子实现社会化不可少的“课程”。

允许孩子发发小脾气，孩子才能健康成长

看见自己的孩子在众人面前“脾气发作”，对妈妈来说是一件很难为情的事。一般情况下，当孩子当众有异常表现时，妈妈首先想的是自己的面子，却很少有人真正地去关心孩子此时的心情与情感需要。于是，妈妈便会对孩子的行为很快地加以压制。

其实，这样做是不对的。作为训练有素的成人，在妈妈的脑海中有成套的清规戒律，什么样的行为是可以接受的，什么样的行为是不应该发生的。在情感表达上妈妈也有明确的概念，什么样的情感是值得赞扬的，什么样的情感是不应该存在的。

而孩子却没有形成这样的概念。比如，孩子在 2 岁左右爱发脾气是一种正常现象。因为这一年龄段的孩子易冲动，自制力差，对挫折的容忍程度是有限的。孩子要到外面玩，妈妈不允许，为什么不允许，他不明白，有可能就要通过发脾气的方式表达自己的感情。而 4 岁以上的孩子，对挫折有了一定的控制能力，初步明白了一些事理，如果还频频哭闹、经常发脾气，

那么其原因大多会在妈妈身上。

妈妈应该明白：发脾气是孩子正常的情绪宣泄，要允许孩子发发小脾气，但更要找到孩子发脾气的原因并安抚孩子。

彩彩一向很固执，对自己认准的事情决不回头。如果不如意就发脾气，找理由哭闹，妈妈对此十分头疼，总是提防着她的坏脾气爆发。

妈妈常常对朋友说："我家彩彩一般都很乖，就是脾气一上来，怎么说，怎么劝都不行，真是软硬不吃。"一天，一位朋友说："她总是有原因的吧？不会无缘无故就哭闹吧？"

妈妈留心观察，发现彩彩总是在妈妈不耐心或有恼怒表情后开始"发怒"，而且纠缠不清。妈妈翻开一些育儿书来看，其中讲到孩子对归属感的寻求，不禁有些醒悟。也许彩彩看到妈妈生气，会想到他们不再爱她，所以有危机感，因恐慌而暴怒？

找到原因就好办了。有一次，彩彩又闹起来，这次妈妈没有训斥或表现出厌烦，而是和颜悦色地拥抱着彩彩说："妈妈知道你心里难过，能不能告诉妈妈为什么难过呢？"这样问了一阵，彩彩终于吞吞吐吐地说："我看你刚才生气，以为你不喜欢我了。"

"傻孩子，妈妈怎么会不喜欢你，刚才妈妈情绪不好，所以对你态度也就不好了。可是妈妈是喜欢你的，你要相信妈妈。"这样以后每当彩彩有迹象要发怒时，妈妈首先向彩彩声明她喜爱彩彩。这的确使彩彩平静了许多，不再没完没了地"找麻烦"了。

孩子脾气发作，不仅严重损伤孩子的情绪和生理状态，也使妈妈狼狈不堪，感到很棘手。所以，妈妈要想方设法制止孩子哭闹、发脾气。怎样制止呢？一定要根据孩子发脾气的原因“对症下药”，方能奏效。

1. 给孩子发脾气的权利

假如孩子正为某事在气头上，要允许他发脾气。妈妈不妨先坐下，安静地等待孩子，安静地看着孩子，不去打断他的怒气，全神贯注地关注孩子，这等于告诉孩子：你是被我在意的，我在认真地注意你的感觉或问题。给孩子发脾气的权利，有助于孩子宣泄心里的不满，也是对孩子关爱的表达。

2. 妈妈自己不要经常发脾气

当妈妈火冒三丈时，要注意孩子很可能会模仿这种处理问题的方式。如果妈妈动辄勃然大怒，又怎能期望孩子控制好情绪呢？因此，为了培养孩子良好的性格，不乱发脾气，妈妈一定要以身作则，为孩子创设一个良好的家庭环境氛围，让孩子保持积极情绪，学会控制不良情绪的爆发。

3. 转移孩子的注意力和进行松弛训练

孩子生气时，妈妈除了表示对他的理解和关怀外，还要尽量转移他的注意力，引导他做些愉快的事。对大一些的孩子可通过各种体育活动来使其精神和身体放松。有规律的深呼吸也有助于孩子松弛身心。

4. 让孩子有适当发泄的机会

如果孩子的坏脾气已经形成，第一，可以采取冷处理方式，在其发脾气时故意忽视不理，让他慢慢冷静下来。第二，可以选择适当的方式让他发泄出来，如通过交谈帮助他把怒气宣泄出来，或者让孩子去跑步，或去大声地唱卡拉 OK 等。

孩子的喜怒哀乐等情绪体验是毫无掩饰的，他们敢爱、敢恨、敢说、敢笑，这是孩子心理的一种优势，一种使得孩子能及时宣泄各种情绪能量的优势。他们自然流露这些情绪并不是什么可耻的事情，只要不扰乱别人的正常学习和生活，不伤及别人，就没有什么对错之分，并且妈妈要鼓励孩子这样做。妈妈只有细心地观察孩子，理解孩子，允许孩子自由地表现，在理解的基础上进行引导，才能保证孩子的健康成长。

第七章

孩子的成长需要积极的期望

孩子的成长方向来自父母的期望，你期望孩子成为一个什么样的人，他就可能成为一个什么样的人。每一个孩子都可能成为非凡的天才，一个孩子能不能成为天才，取决于妈妈能不能像对待天才一样爱他、期待他、信任他、教育他。

把赏识当成孩子生命中的一种需要

青年作家蒋方舟儿时并未表现出过人的天赋，在妈妈眼里，她甚至比同龄孩子迟钝许多。幼儿园老师反映：蒋方舟内向，不喜欢唱歌跳舞，不像其他小女孩一样爱打扮和出风头。妈妈就想让女儿学点儿才艺，于是将她送去学电子琴，可是没几天蒋方舟就不学了。不学就不学，妈妈不再勉强，从那以后再也没给女儿报过任何兴趣班。

后来，蒋方舟上幼儿园大班时，班上要准备一次英语汇报演出，老师放假回家几天，再回来孩子们的英语全都忘了，唯有蒋方舟还记得很清楚。老师便让她当小老师来教其他孩子，蒋方舟居然教得很好。妈妈很惊喜，她开始笃信，女儿有语言天分。于是，妈妈有意识地让她多看一些书，还鼓励她写一些东西。每当妈妈发现蒋方舟写的文章中有好的句子时就大声赞扬，在妈妈的赞美声中她越来越喜欢文字，开始涉猎大量的书籍，9岁的蒋方舟曾以《打开天窗》赢得了众人的关注，后来由于文学上的长处被清华大学破格录取。

蒋方舟生在一个单亲家庭中，但很幸运的是她有一个懂得她、赞美她、支持她、发现她优点的母亲，就是这样一位妈妈让她顺利走进了人们羡慕的高等学府。

蒋方舟妈妈最大的育儿秘籍就是赏识孩子，赞美孩子。其实孩子都是希望被赞美的，妈妈也要懂得教育的艺术，懂得欣赏孩子的妈妈孩子会更喜欢。

中国伟大的教育家陶行知先生曾深刻地指出："教育孩子的全部秘密在于相信孩子和解放孩子。"相信孩子、解放孩子，首先要欣赏孩子，没有欣赏就没有教育。

欣赏和鼓励可以说是每一个人的自然需求。假设你今天在公司认认真真地做了一份策划书，被同事大加赞扬一番，你会怎么想呢？会不会感到很欣慰："我的努力没有白费。"

假设你今天烧了一桌可口的饭菜，丈夫、孩子吃完后满意地说："嗯，今天的菜做得真好吃！"你会不会心里特别高兴，下次还兴致勃勃地为大家做上一大桌的好饭菜。其实，孩子也一样，他们也需要妈妈的欣赏和认可。谁能总是受着批评、指责、埋怨仍保持喜气洋洋、斗志昂扬呢？而孩子幼小的心灵就更需要赞扬和鼓励了，鼓励能使孩子信心高涨，更加努力，就像托马斯说过的那样："有时候，及时有力的鼓励是对孩子最好的帮助。"

成功学大师拿破仑·希尔小时候被认为是一个坏孩子。母牛走失了、院子里的树莫名其妙被砍倒了等诸如此类的坏事，人们都认定是他做的，甚至父亲和哥哥都认为他很坏。人们都认为母亲早逝，没有人管教是希尔变坏的主要原因。既然大家都这么认为，他也就无所谓了。

直到有一天父亲再婚。当继母站在希尔面前时，希尔像枪杆一样站得笔直，双手交叉在胸前，冷漠地瞪着她，一丝欢迎的意思也没有。

"这就是拿破仑，全家最坏的孩子。"父亲这样介绍道。而他的继母则把手放在希尔的肩上，看着他，眼里闪烁着光芒。"最坏的孩子？一点儿也不，他是全家最聪明的孩子，我们要把他的本性诱导出来。"

继母造就了希尔，他一辈子也忘不了继母把手放在他肩上的那一刻。赏识孩子，是一道神奇的魔法，往往会带来意想不到的惊喜。

会赏识的妈妈需要抛弃一个观念，那就是"我的孩子还不够好"。很多妈妈对孩子的期望很高，已经超过了孩子年龄段应有的能力，所以当他们表现得一般时，妈妈就会觉得孩子很差劲，或者没有什么天赋，便会出言批评他们。3 年级以下的孩子写作文的能力都很一般，这时候如果大人觉得“你写得还没有我写得好呢”，孩子的自信心和积极性就会受到影响，甚至不愿意写作文、害怕作文考试。

如果我们拿孩子的昨天和今天比较，多看看孩子的进步，就能找到一些孩子的优点、进步来鼓励他。

“我发现你说话越来越有条理了”“你讲的故事真有趣”等，这样一些具体的表扬和赏识能帮助孩子建立信心。或者，妈妈在和孩子交流的时候，表现出对孩子的欣赏，他们也能产生成就感，有成就感的人就容易对自己产生信心，有信心的人就能爆发出更多的潜能。

总之，懂得赏识和赞美的妈妈，才能给予孩子及时的鼓励和赞美，获得赞美的孩子才会一点点做得更好，才能一步步在赏识中走向美好的未来。

正确的赏识是激发孩子潜能的良药

比尔·盖茨之所以取得如此瞩目的成绩，并不是偶然的，这跟他的母亲玛丽的赏识教育有着密切的关系。

他的母亲从小就注重并给予盖茨科学的家庭教育。当盖茨三四岁时，玛丽外出总是把他带在身边，有意对他进行文化熏陶。当她在学校里向学生讲解西雅图的历史和博物馆的情况时，盖茨总是坐在教室最前面，虽然盖茨是个好动的孩子，但在教室里他表现得比其他学生还要专注、认真。对此，玛丽时常给予表扬，这也使盖茨逐渐学会了专注和认真。

盖茨要升初中的时候，因为个头很小，又生性腼腆，学习兴趣与6年级的同龄孩子迥然不同。这时，玛丽决定送他到一所名叫湖滨中学的私立中学就读。在这所学校，盖茨第一次接触到电脑便产生了浓厚的兴趣。

玛丽十分有远见，她非常赏识盖茨对电脑的兴趣，鼓励并帮助盖茨了解这种很有前途的新事物，还凑钱给盖茨买了一台计算机。盖茨很快就迷上了计算机，最终成为计算机软件业的霸主。

一位哲人曾经说过这样的话："人的精神生命中最本质的要求就是渴望得到赏识。"对孩子来说，训斥只会压抑幼小的心灵；只有赏识他们，才能开发出他们的潜能。妈妈对孩子进行适当的赏识很有必要，赏识的奥秘在于让孩子觉醒，觉得自己与众不同，更容易催生自信的人格。学会赏识自己的孩子，这对孩子的心理健康发展十分有利。但是与此同时，妈妈也要注意不要对孩子的赏识过了头。

周弘是我国著名的教育专家，他的女儿周婷婷原本是个双耳全聋的残疾人，但是周弘用20余年的时间倾其心血不断鼓励女儿，让婷婷觉得自己并不差，反而比其他的孩子优秀很多，周婷婷最终成为留美博士。周弘探索出赏识教育这一理念，不仅使自己的孩子受益，而且改变了千千万万家庭的命运。

周弘指出，赏识教育的奥秘是让孩子觉醒。他认为，从生命科学的角度看，每一个孩子都拥有巨大的潜能，但孩子诞生时都很弱小，好像生活在一个巨人的世界里。在他们成长过程中，难免有自卑情结。这时就需要妈妈的赏识教育了。让孩子知道妈妈对他的认可和关注，可以快速抚平孩子心灵中自卑的痛点，让孩子总是觉得自己比其他的孩子有优越感，促使其心理朝着良好健康的方向发展。

德国著名心理学家阿德勒也透露过他在念书时，认为自己完全缺乏数学才能，对数学毫无兴趣，因此考试经常不及格。后来偶尔发生的一件事，让他的潜能开发出来了。他出乎意料地解出了一道连老师也不会做的数学难题，这次的成功改变了他对数学的态度，他找到了数学天才的感觉，而且觉得自己天生就是个数学天才。在老师和家长的赏识中，他重新树立了自信，并成为学校里的数学尖子。因此说，赏识教育的奥秘就是让孩子觉醒，让孩子自觉地发现自己的潜能。

哈佛心理学家做过这样的实验：

有两组男孩，先让他们一起长跑消耗体能，然后一组接受严厉的批评，另一组得到热烈的称赞，随之进行体能检测发现，被批评的那组孩子无精打采，体能处于崩溃状态；而被表扬的那组孩子精力旺盛，体能得到迅速恢复，充满自信。

因此，心理学家告诉妈妈们：妈妈在教育孩子时应多给孩子一些适当的赏识，学会赏识、赞美你的孩子，这对孩子的心理发展十分有利。让孩子知道妈妈对他们的关注和认可，既能快速抚平孩子身体上的创伤，也能促使孩子的心理朝良好健康的方向发展。

适当的赏识、鼓励是必要的，但妈妈也要注意切勿对孩子赏识过了头。一个人如果受到的赞美太多，心理便会膨胀，就会找不准自己的定位，从而也就不知道自己的言行是否符合一定的社会道德规范，这样的人在人格上往往是不完善、不成熟的，心理上也会十分脆弱，经不起生活中的风雨与挫折。一个人的成长是需要经历一些磨难的，只有经历磨难并且能够从磨难中铸就刚强性格的人，才能适应未来的生活。

所以，没有教不好的孩子，只有不会教的妈妈。赏识教育的本质是生命的教育，是爱的教育，是充满人情味、富有生命力的教育。孩子的成长需要妈妈的赏识，更需要妈妈正确的赏识。

对孩子的积极期望要循序渐进

有一个上初中的男孩，每天睡懒觉，7 点才起床。总是急匆匆吃过早饭，骑上单车飞奔到学校。他爸爸强迫他必须每天早晨 5 点 30 分起床，6 点开始读英语。孩子听到一下子提前了一个半小时，心里很不是滋味，他难以接受爸爸的这个决定。妈妈出面调停，才允许他 6 点 15 分起床。他这才痛快地答应。半个月后，妈妈又让他提前 15 分钟起床，他又同意了。就这样，妈妈一步步提高对他的要求，两个月后，他就能做到 5 点半起床了。

同样是这个男孩，平时考试成绩总是名落榜尾。有一次，他考试成绩有进步，名次跃居班里中等偏下。他爸爸妈妈知道以后，心花怒放。爸爸兴奋地对儿子说：“这次进步真大，爸爸为你骄傲。下次考试一定要进全班前5名。”

儿子听了爸爸鼓励的话，不但没有半点喜悦，还一副心事重重的样子。他整天唉声叹气，他想自己在这么短的时间里，就是不吃不喝，使出全身解数，也不一定能考到前5名呀！

妈妈看出了他的心事，私下里对他说：“好儿子，下次只要比现在有进步，达到中等就可以了。”男孩听了妈妈的话，感到心里的一块石头落地了。他每天都很开心地听课、学习。半年后，竟然超出了妈妈的预期，达到了中等偏上的水平。

望子成龙、望女成凤是家长的共同心理，家长一开始都对孩子充满了积极的期望，但是有些积极期望却不能实现，甚至把孩子推向深渊。这是为什么呢？原因在于有些家长太过心急或者过于严厉，用孩子短期内难以企及的目标阻碍了孩子的发展，并挫败了孩子的积极性和自信心。正如上述案例中的爸爸，他不切合实际地给孩子定目标，不但无法让孩子进步，反而深深伤害了孩子的心灵，幸好有通情达理的妈妈，孩子才能从超负荷的压力中缓解出来，以振奋的心态去争取可能的进步，一步步实现了一个又一个目标。

心理学上有一个名词：自我实现的预言。意思是说，如果你相信自己行，你最后就能行。比如，算命的说你命中有财，虽然碰到困难，但最终必然成功。你听到这番话，自信心大增，不断克服前行的困难，最终真的验证了“命中有财”这个预言。

不是所有的预言都能成真，只有那些合理的梦想才能成真。

所谓合理的梦想，也就是指那种“跳一跳，够得着”的目标。这样的目标才最具有吸引力，人们才会以高度的热情去追求它。

比如打篮球，如果对着两层楼高的篮球架子，几乎谁也别想把球投进篮圈，也就不会有人去做那种傻事。这么高的目标使人们失去了兴趣。但是如果篮球架跟一个人差不多高，谁都能够毫不费力地百发百中，大家恐怕也会觉得没啥意思。正是由于现在这个“跳一跳，够得着”的高度，才使得篮球成为一个世界性的体育项目，也使得许多爱好者乐此不疲。

同样，如果妈妈为孩子定的目标太高，或是孩子对自己的要求太高，孩子不但会失去动力，反而会平添一些不必要的压力。

日本有一个世界长跑冠军，他胜出的秘诀是分解大目标。比赛前，他会巡视整个路程，把路程中有特点的标志物在心中记下来，作为他长跑中的小目标。找到这样若干个小目标后，在比赛中，他一开始跑就想着要达到第一个目标，等达到了第一个目标，他就想着要达到第二个目标……这样，他把长距离的路程分成了若干段比较短的路程，心理上就不觉得那么有压力了。

妈妈在对孩子进行积极的期望时，需要注意的是，不要给孩子施加过大的心理压力。摒弃那些瞬间改变孩子的想法，将一个适度的良性期待融入孩子的整个成长过程中。

批评是扼杀天才的行为

一个上初中一年级的学生在日记中这样写道：

今天，我的好朋友敏敏来找我出去玩，正碰上妈妈大发雷霆地教训我。这次考试，我的成绩下降了，在班里只排到第12名。敏敏在一边替我解围说："阿姨，你们方方还好，我还不如她呢。"谁知，敏敏不说倒还好，她一说，妈妈反而更来劲了，她骂我的同时把敏敏也捎带着："那你们还不在家好好补习功课，还到处玩，我要是学习不好，早就躲一边哭去了，看你们，一点儿事也没有，脸皮真厚！"

敏敏气得眼泪在眼眶里直打转，转身就跑了。

我和妈妈吵了起来："妈妈，你怎么这样没礼貌？"

妈妈说："我就是要把她气走，免得她以后再来找你，以后也不许你和她在一起了。"

我气哭了，跑进自己的小屋，把门反锁上。我觉得很委屈，妈妈怎能这样无情地批评我呢？她怎能这样批评敏敏呢？平时她不是显得很有修养吗？怎么现在原形毕露了呢？

偶尔成绩下降在求学生涯里是一件司空见惯的事情，只要耐心提醒，平日里有意督促一下就可以解决。但是方方妈妈却大发雷霆，还骂孩子的好朋友。这给方方的心理带来了很大的创伤，从此妈妈的威信也将会在她纯洁的心灵中消失。

所以说，妈妈要慎用手中批评的权利，如果批评不当不但起不到教育的作用，还会使妈妈失去在孩子心中的威信，真是得不偿失！很多教育专家都建议家长要尽量避免批评孩子，因为不管是怎样的批评，多多少少都会在孩子的成长过程中留下阴影。如果真的要动用批评的武器，也要有艺术地对孩子进行批评教育。

已经上高二的小涛仍然玩心不改，每周六都要玩一会儿电子游戏。说是一会儿，实际上却是好几个小时。因为他每次都要打一局，而一局至少得打过好几关，有时甚至能从头打到尾，这样几个小时就过去了。有时母亲看不过，便吼道："别玩了！快去写作业。"他往往会以"只差一点儿就过关了"为由，再拖半个小时。

为了帮助儿子改掉贪玩的坏毛病，母亲想了个好办法。又一个周末，母亲约了自己的几个朋友聊天，并让小涛服务。就在小涛为阿姨削苹果的时候，母亲提起了如何对待孩子贪玩的话题。几位朋友都有十七八岁的孩子，所以都有话说。其中一位说："我儿子已经上高三了，还整天惦记着玩，家里看得紧，他就到游戏厅、网吧玩游戏，我都快愁死了。"站在一旁的小涛很紧张，生怕母亲揭自己的底。

小涛的妈妈接过话茬说："你越管得紧，他越不听话。我就从来不管小涛，每周他都可以玩 1 小时的游戏，而且很守时，说玩 1 小时，就玩 1 小时。"说着，看了看表，然后对小涛说："儿子，到玩游戏的时间了吧？去吧，玩 1 小时就停。"

那天，小涛很自觉地在游戏机旁放了一个闹钟提醒自己，

1小时后，干干脆脆地退出了游戏。以后，不管母亲在不在旁边，小涛都只玩1小时，到了时间就立刻停止，再也不用母亲费心了。

小涛妈妈有艺术地批评孩子的教育方法很值得每一位妈妈学习。在孩子犯错误的时候要保持冷静，要心平气和。如果孩子经常听道：“都这么大了还不懂事！”“就知道玩，这么大了还让我操心！”“好的没学会，就学会打架了，你是不是想把我气死？”可想而知，这些话会带给孩子什么样的心灵感受。所以批评也要讲究艺术，不能一味地呵斥和责备。

此外，妈妈批评孩子的时候还要注意以下两点：

第一，批评与表扬相结合。平时要本着多表扬少批评的原则，该表扬的时候表扬，该批评的时候批评，孩子会觉得父母是公正的，如果只批评不表扬，孩子会因你只看到他的缺点看不到他的优点而不满，从而不愿意接受批评。

第二，批评孩子要适时、适度。孩子的时间观念比较差，昨天发生的事，仿佛已经过去好久了，加上孩子天性好玩，刚犯的错误转眼就忘了。因此，妈妈批评孩子要趁热打铁，不能拖拉，否则就起不到应有的教育作用。

批评是扼杀天才的行为，在教育孩子的时候一定要有耐心，当孩子犯错误的时候，作为妈妈要循循善诱，让孩子认识到自己的错误，不要一味地呵斥、一味地批评。无论在任何时候，作为妈妈都要慎用你批评孩子的权利。因为经常被批评的孩子潜意识里会认为自己真的不行，觉得自己永远不能达到妈妈的要求，从而他们没有自信，没有兴趣，也没有斗志，这样他们的天赋才能也就发挥不出来了。

赞美不能掉价，表扬不能失效

晓彤是个浓眉大眼的小男孩，他自小聪明伶俐，活泼可爱，成绩优异，爸爸妈妈、爷爷奶奶、外公外婆、姑姑婶婶、叔叔阿姨都特别喜欢他。大家对他都赞不绝口，经常对他说道："宝贝儿真是个好孩子！""你真棒！彤彤！""我们家晓彤是最好的！"……从小在赞美声中成长起来的晓彤难免有些高傲，因为他也觉得自己是最棒的。而当他慢慢长大后，他不再喜欢家长们的称赞了，突然间称赞对他失去了效用，因为他听腻了，而且也觉得大人们有点夸张。所以，晓彤渐渐对称赞有了免疫力，不管大人们如何鼓励赞美，他都提不起劲，导致他的学习和生活兴致都逐渐下降。大人们都摸不着头脑，谁也没有想到称赞对晓彤竟没有了效用。

孩子需要妈妈的肯定与鼓励，这是毋庸置疑的。但仅仅是空洞的表扬，或不着边际的吹捧，并不能培养孩子真正的自信。只有抓住孩子的长处，加以肯定与表扬，才能让孩子在心灵的深处树立真正的自信。

美国心理学家里维斯博士认为，赞扬应当在孩子完成某一个值得肯定和鼓励的行为时进行，而且要恰如其分。对孩子空洞或不恰当的赞美，不仅无益，还会起到相反的作用。里维斯发现，许多妈妈常常用“你是个好孩子”之类的话来称赞孩子。这种笼统的赞美，起不了引导孩子正确自我评价的作用，因为他们无法知道自己好在哪里。妈妈应当对孩子具体的行为进行及时的表扬，如孩子洗了手绢，可以夸赞他洗得真干净；孩子收拾了玩具，可以表扬他收拾得真整洁。只要孩子有进步就要鼓励，每每有好表现就要加强鼓励的感情色彩。如果妈妈留心，总会找出具体理由来称赞与表扬孩子。

当然，对孩子具体行为的夸奖也要适度。廉价的赞美也会贬值，逐渐使称赞在孩子心目中起不了任何作用，或者使孩子形成不切合实际的自我评估而盲目自满，这也会危害他们的成长。

表扬是一门艺术，过多的表扬会影响孩子的行为动机，使他为了表扬采取主动行为。所以，作为妈妈，应当明白如何进行适度的表扬：

1. 表扬要具体。表扬得越具体，孩子越容易明白哪些是好的行为，越容易找准努力的方向。一些泛泛的表扬，如“你真聪明”“你真棒”虽然暂时能提高孩子的自信心，但孩子不明白自己好在哪里，为什么受表扬，而且容易养成骄傲、听不得半点儿批评的坏习惯。

2. 表扬要及时。对应表扬的行为，妈妈要及时表扬。否则，孩子会弄不清楚为什么受到了表扬，因而对这个表扬不会有什么印象，更说不上强化好的行为了。因为在孩子的心目中，事情的因果关系是紧密联系在一起的，年龄越小，越是如此。

3. 表扬要有针对性。有些妈妈和教师常对孩子许愿："你做了这件事我就表扬你。""你考试达到 90 分我就奖励你。"这容易使孩子为得到表扬奖励才去做某件事，哪怕这件事是他应该做的，没有表扬奖励他就不做，这有悖于培养孩子良好的道德行为。

4. 表扬要注意个性。对性格内向、个性懦弱、能力较差的孩子要多肯定他们的成绩，增强他们的自信心。反之，对虚荣心理强、态度傲慢的孩子要有节制地运用表扬，否则将会助长他们的不良性格，影响他们的进步。

5. 表扬要适度。过分的表扬易使孩子骄傲自满，过少的表扬也不利于孩子身心健康发展。孩子的成长需要妈妈的鼓励和爱抚。有一个小男孩不管有没有病都向妈妈要药吃，原来这位妈妈平时不经常表扬孩子，只有孩子生病吃药时才说上一句"能干"，致使孩子认为自己什么都做不好，只有吃了药才算能干，所以他经常以吃药来换取表扬，求得心理上的满足。这不能不说是这个妈妈在教育孩子中的一个失误。

6. 表扬不仅要看结果，还要看过程。孩子常好心办坏事，例如，孩子想"自己的事自己干"，吃完饭后，自己去刷碗，不小心把碗打破了。这时妈妈不分青红皂白一顿批评，孩子也许就不敢尝试自己做事了。如果妈妈冷静下来说："你想自己做事很好，但厨房路滑，要小心！"孩子的心情就放松了，不仅喜欢自己的事自己做，还会非常乐意帮妈妈去干其他家务。因此只要孩子是好心就要表扬，再帮他分析造成坏事的原因，告诉他如何改进，这样会收到较好的效果。表扬最好在良好行为之后进行，而不是事先许诺，从而增强孩子做出良好行为的自觉性。

7. 表扬的方式。只有适合孩子的表扬方式才能收到最好的效果。表扬、鼓励的方式有很多，如购买图书、玩具、衣服、糖果、饮料等物质奖励；点头、微笑、搂抱、竖大拇指等动作，表情奖励，恰如其分的语言表扬等，都能带来良好的作用。

相信自己的孩子是天才

美国的罗杰·罗尔斯是纽约第53任州长，也是纽约历史上第一位黑人州长。他出生在纽约声名狼藉的大沙漠贫民窟，这里环境肮脏，充满暴力，是偷渡者和流浪汉的聚集地。在这儿出生的孩子从小耳濡目染，学会了逃学、打架、偷窃甚至吸毒，长大后很少有人会获得较体面的职业。然而，罗杰·罗尔斯是个例外，他不仅考入了大学，而且成了州长。

在就职的记者招待会上，到会的记者提了一个共同的问题：是什么把你推向州长宝座的？面对300多名记者，罗尔斯对自己的奋斗史只字未提，他仅说了一个非常陌生的名字—皮尔·保罗。后来人们才知道，皮尔·保罗是他小学的一位校长。

1961年，皮尔·保罗被聘为诺必塔小学的董事兼校长。当是正值美国嬉皮士流行的时代，他走进诺必塔小学的时候，发现这儿的穷孩子比海明威等“迷惘的一代”还要无所事事，他们不与老师合作，他们旷课、斗殴，甚至砸烂教室的黑板。皮尔·保罗想了很多办法来引导他们，可是没有一个是有效的。后来他发现这些孩子都很迷信，于是在他上课的时候就多了一项内容—给学生看手相。他用这个办法来鼓励学生。

当罗尔斯从窗台上跳下，伸着小手走近讲台时，皮尔·保罗说：“我一看你修长的小拇指就知道，将来你是纽约州的州长。”当时，罗尔斯大吃一惊，因为长这么大，只有他奶奶使他振奋过一次，说他可以成为5吨重的小船船长。这一次皮尔·保罗先生竟说他可以成为纽约州的州长，着实出乎他的预料。他记下了这句话，并且相信了它。从那天起，“纽约州州长”就像一面旗帜，罗尔斯的衣服不再沾满泥土，说话时也不再夹杂污言秽语。他开始挺直腰杆走路，表现出从未有过的自信。在以后的40多年间，他没有一天不按州长的身份要求自己。51岁那年，他真的成了纽约州州长。

当一个孩子相信自己可以成为天才时，他就会有更高的自我期望、更远大的理想和更充足的自信心，即便他不会像自己预想的那样成为天才，也一定可以在处理任何事情上彻底地发挥自己的潜能。而孩子的自信首先来自妈妈对他的信心，所以，妈妈要相信自己的孩子是天才，你的孩子就可能是天才。你的期待会使孩子感受到爱与支持，从而充满自信，生气蓬勃；相反地，你的不信任会使孩子失去信心与发展机会。

美国著名的教育专家卡尔·威特曾经说过：“每个孩子都是天才。”在卡尔·威特的儿子还没有降生之前，他就坚信：对于孩子的培养，教育方法至关重要。只要教育方法正确，普通孩子也会成为不平凡的人。所以，卡尔·威特将生下来并不被看好的孩子培养成19世纪德国一个著名的天才。他八九岁时就能自由运用德语、法语、意大利语、拉丁语、英语和希腊语六国语言；并且通晓动物学、植物学、物理学、化学，尤其擅长数学；9岁时他进入了哥廷根大学；年仅14岁就被授予哲学博士学位；16岁获得法学博士学位，并被任命为柏林大学的法学教授。这一切都归功于卡尔·威特的合理教育以及他对孩子的信心。

任何成功孩子的妈妈都有一个共同的特点，那就是恰到好处地夸奖孩子。恰到好处的夸奖是指妈妈的夸奖不仅能够起到良好的激励作用，还能够起到警示的作用。小卡尔·威特在《卡尔·威特的教育》一书中认为妈妈教育孩子最重要的方法是"鼓励孩子去相信自己"，只有孩子对自己充满信心，妈妈才能够培养出优秀的人才。而孩子对于自己的信心来自于"妈妈有效的夸奖"，这种有效的夸奖就是恰到好处的夸奖，是能够给孩子带来自信但又不至于造成自傲的夸奖。

心理学研究表明，在0～4岁的儿童中间，弱智儿童仅占1.07%，而超常儿童则在0.03%以上。也就是说，98%的孩子都不存在智力问题，而是爱学不爱学、会学不会学的问题。从这个角度来看，就可以得出每个孩子都是天才的结论。无论是妈妈还是孩子自身，我们都必须改变对天才的看法，也只有这样，我们才能真正造就出天才。

正因为如此，妈妈在培养孩子的过程中应该注意的是，一定坚信自己的孩子是最优秀的，承认孩子的优点，对他的未来充满信心，给他积极的暗示。如果自己的孩子与别人的孩子在某一方面相比成绩平平，甚至远远不如别人的孩子，即便是在这个时候，妈妈也要坚信自己的孩子在另外一些方面有他的过人之处，只是现在还没有表现的机会而已。作为妈妈，一定要仔细观察孩子闪光的一面，肯定孩子存在的优点。

目标是一种积极期望，也是孩子成长的需要

早在儿童时代，比尔·盖茨就是一个有想法的、早熟的孩子，表现出强烈成为人中之杰的愿望。在湖滨学校上学时，盖茨跟一个老师说，将来他一定能成为一个百万富翁，用现在的说法就是那时他就有远大的目标。

湖滨中学是美国最先开设计算机课程的学校。盖茨如鱼得水，求知欲得到了极大的满足，凡能弄到手的计算机书刊、资料，盖茨总是百读不厌，还能举一反三。同窗好友保罗·艾伦，常向盖茨发难和挑战，坚强的意志力和强烈的进取心使他俩成为知己。艾伦曾说："我们都被计算机能做任何事的前景所鼓舞……盖茨和我始终怀有一个伟大的梦想，也许我们真的能用它干出点儿名堂。"

当艾伦醉心于专业杂志时，盖茨喜欢读一些商贸杂志。他们甚至想到用学校的计算机赚上一笔。盖茨的计算机水平提高极快，以至许多高年级学生向他请教。在破坏计算机安全系统方面，盖茨可算是行家里手。在计算机中心公司，他们发现了一种弄虚作假的办法，使计算机按他们的程序工作，而使用的计时记

录却保持不变。一旦系统出现问题，公司人员立即会猜出是盖茨捣的鬼。作为免费使用计算机的交换，盖茨和艾伦把发现的问题逐一记录，汇编成册，起名为《问题报告书》。半年后，《问题报告书》已增至300多页。

盖茨一直有一个伟大的目标：将来，在每个家庭的每张桌子上面都有一台个人电脑，而在这些电脑里面运行的则是他本人所编写的软件。正是在这一伟大目标的催生下，微软公司诞生了；也正是在这个公司的推动和影响下，软件业才由小到大，并发展到今天这种蓬勃兴旺的地步。

比尔·盖茨白手起家，最终成功创建微软帝国，这与他小时候确立的目标不无关系。事实上，追求卓越的创业天才，往往从小就有目标。

有目标的人，就有一股巨大的、无形的力量，将自身与事业有机地融为一体。目标，能唤醒人，能调动人，能塑造人，目标的力量是难以估量的。有明确目标的人，生活必然充实有劲，绝不会因无所事事而无聊。目标能使人不沉湎于现状，激励人不断进取，引导人不断挖掘自身的潜能，去摘取成功的桂冠。

所以，每一个孩子都应该在心中树立自己的目标，然后着手去实现它。他应该把这一目标作为自己思想的中心。这一目标可能是一种精神理想，也可能是一种世俗的追求，这当然取决于他此时的本性。但无论是哪一种目标，他都应将自己思想的力量全部集中于他为自己设定的目标上面。他应把自己的目标当作至高无上的任务，应该全身心地为它的实现而奋斗，而不允许他的思想因为一些短暂的幻想、渴望和想象而迷路。

如果你的孩子尚年幼，那你不妨教会他在做每一件小事时都给自己设定一个可行的目标，比如搭积木，有的孩子搭得又快又好，有的孩子却反反复复也搭不出一个样子，这就是有目标和没有目标的区别。因此，我们不妨在孩子动手做一件事前，先提示性地问问他：你要做的是什么？要做到什么程度才可以呢？这样习惯成自然，渐渐地，孩子就会懂得凡事都给自己确立一个目标。

同为有目标的人，有人成功了，有人未成功，有人大成功，有人小成功。这与目标是如何确立的有很大关系。一个很容易付诸成功的目标具有两个特征：目标远大；目标可以量化。只要达到这两点，目标就很容易实现。

如果你的孩子正在为不知填报哪所高校或哪个专业而犯愁，那你不妨通过下面几个问题来启发他：

1. 你想在你的一生中成就何种事业？

2. 在你的日常生活中哪一类的成功最能让你产生成就感？

3. 你最热爱的工作是什么？

4. 如果把它作为自己终生的事业，怎样做到在有利于自己的同时，也对别人有帮助？

5. 你有哪些特殊的才能和禀赋？

6. 周围有些什么资源可以帮助你实现自己的目标？

7. 除此以外，你还需要什么才能实现自己的目标？

8. 有没有什么职业是你内心觉得有一种声音在驱使我去做

的，而且它同时也会让你在物质上获得成功？

9. 阻碍你实现自己目标的因素有哪些？

10. 你为什么没有现在去行动，而是仍然在观望？

当他认真、慎重地思考上述问题后，你会发现，它对寻找、定位自己远大目标将有切实的帮助。

事业有成，是目标的赠予。确立了有价值的目标，才能进一步分配自己的时间和精力，准确地寻觅突破口，找到聚光的焦点，专心致志地向既定目标前进。目标如一的人，能摒除一切杂念，聚积起自己的所有力量，全力以赴地朝目标迈进。

不甘做平庸之辈的人，必须要有一个明确的追求目标，才能调动起自己的智慧和精力，全力以赴为自己的目标而行动。所以，妈妈应鼓励孩子树立目标，将这种积极的期望化为前进的动力，最终在追求目标的过程中收获成就。

孩子的能力不可低估，努力发现自己的孩子

幼儿园里的《幼儿思维游戏》开课了，这未免叫妈妈有些担心。在妈妈看来，这些小不点认知能力很弱，况且有的连话还说不清，不哭不闹就不错了，怎么可以接受这些思维游戏的课程呢？有的妈妈带着好奇和怀疑，跟着孩子观摩了一节课。

这节课的题目是《小蚂蚁看世界》，小朋友们随着老师一起走进了故事中来认识世界，他们不仅认识了冬天，知道了小熊和小松鼠喜欢吃什么，而且知道了小动物是怎么过冬的，知道了啄

木鸟可以给树治病，等等。在上课的时候，孩子们通过操纵游戏材料，不停地思考，整个课堂处于积极活跃的状态。这位妈妈通过亲眼所见，证实了孩子的能力不能低估。只要妈妈给他们的思维发展创造条件，他们就可以创造出让妈妈意想不到的奇迹。

其实只要妈妈们细心观察就可以发现，多给孩子一些自主的空间，多给孩子一些动手的机会，原来孩子并不是妈妈们所想象的那样，孩子的能力是不可低估的。孩子往往有自己的想法和见解，但是有的时候却表达不出来，甚至连自己都意识不到。作为妈妈要帮助孩子发现自己，多与孩子进行对话，多给孩子一些展示自己的机会，多观察孩子面对不同挑战时的反应，就会发现孩子并不是妈妈们所想象的那样简单。

一个孩子究竟有多少能力还没有被开发出来，作为妈妈估计都是心中没数吧。孩子对于成人而言，永远都是个谜。也许是因为他还小，纵然心中有无数奇妙的想法或是什么好的实施方案，也没有办法表达出来，甚至他自己也没有意识到这一点！作为妈妈，应该经常有针对性地对孩子进行一些测试和观察，看他对不同的环境有什么样的反应，才会明白他究竟在哪些方面有天赋等待妈妈开发。

每一个人都是天才，都具有一定的天赋。如果在小的时候能够被别人发现并培育，那么这个人就会取得非凡的成绩。相反，这个人就会默默无闻地度过一生，虽然他本身并不缺乏潜能。

妈妈们不仅要相信自己的孩子是天才，妈妈的职责还在于敏锐地发现孩子的才能究竟在哪里，尽管这是一个相当复杂的过程。挖掘孩子的天赋是一项艺术，即便那些看上去有些愚钝的孩子也有别人所不及的潜力，关键在于妈妈是否热忱地将孩子的潜质打开。

格莱斯顿曾经说过，最有意义的事情莫过于把一个孩子内心潜藏的热忱激发出来。事实上确实如此，每一个孩子身上或多或少都有一些将来可以成就大器的潜质。不仅那些反应敏捷、聪明伶俐的孩子是这样，即便是那些相对木讷，甚至看起来有些愚钝的孩子也有这样的潜质。一旦有人将他们的潜质打开，凭借这种热忱的力量，原先人们在他们身上看到的那种愚钝也会慢慢消失。

诺贝尔奖获得者奥托·瓦拉赫在刚读中学的时候，妈妈建议他学习文学，可是老师认为他"过分拘泥，不可能在文学上有所发挥"，后来他又改学油画，老师认为他"素质一般，将来难有造诣"。面对如此笨拙的学生，化学老师却发现了他做事一丝不苟且耐心专一的特点，建议他学习化学。瓦拉赫改学化学之后，潜能被逐渐激活，最终获得了诺贝尔奖。

成功学专家罗宾曾说："每个人身上都蕴藏着一份特殊的才能。那份才能犹如一位熟睡的巨人，等待着妈妈们去唤醒他。"每个孩子都有自己的闪光点，作为妈妈，要认清、了解自己孩子的长处和短处，挖掘孩子的潜能，因材施教，扬长避短，每个孩子都能成才。

当妈妈们明白了这个道理之后，相信很多妈妈决心要把精力放在开发孩子上。可是，如果培养方法不得当，那不是空忙一场吗？在发现孩子潜能这一方面，妈妈们可以学习一下美国著名心理教育学家霍华德·加德纳的理论。

霍华德·加德纳是世界著名教育心理学家，美国哈佛大学教育研究生院心理学、教育学教授，加德纳发现并提出的“多元智能教育”的创新理论与方法，引起世界各国的广泛关注，并得到了包括中国在内的教育界人士的高度评价。霍华德·加德纳认为：给自己足够的弹性，给孩子足够的信心，是很重要的教养态度。而多元智能的重要性就在于：它给了每个人不同的发挥与成功机会。一旦妈妈们有多元智能的观念，便可以学会用较为宽广的角度来看待孩子的一举一动，来发觉孩子的不同潜能。如此一来，也就不会落入过去传统“只求考试成绩好”的桎梏中，而忽略孩子的其他能力；甚至不会因此给自己和孩子过多的压力和期待。因为懂得适才适性，不仅让孩子能尽情探索和发挥，也可以让自己成为快活轻松的妈妈！

妈妈要先把孩子当成天才，他才有可能是个天才。努力发现自己孩子的与众不同之处，及早对孩子的综合才能进行正确的评估，尽早发掘孩子的特长和潜能，你的孩子也能成为天才。

孩子的自信来源于妈妈的信心

爱因斯坦小时候，老师和同学都认为他有智力缺陷。因为他不仅功课很差，而且连话都说不清楚。面对人们的讥笑和议论，担任电机工程师的父亲并没有对孩子失去信心，他相信爱因斯坦一定能成才，并且期望他能做出伟大的事业。为了培养孩子的自信心，父亲为爱因斯坦买了积木，让他搭房子，搭好一层，就表扬和鼓励孩子一次，结果，爱因斯坦情绪高涨地一直搭到了14层。父亲还积极透过各种方式帮助爱因斯坦建立自信，消除爱因斯坦的消极情绪，也点燃了爱因斯坦心头的希望之火，让爱因斯坦振作起来，使他以一种不断进取的心态，努力奋进，最终成为举世瞩目的伟大物理学家。

自信心能够让一个孩子坚信自己有能力克服困难并相信自己能够成功。美国历史上的著名富豪范德比尔特曾经说过："一个充满自信的人，事业总是一帆风顺的，而没有自信心的人，可能永远不会踏进事业的门槛。"

李开复在美国上学期间，曾经因为能背出很多数学公式而被老师夸奖为数学天才。其实李开复心里很明白，自己根本就不是什么数学天才，只是把以前记住的东西搬了出来。但是自信的力量是无穷的，在这种自信心的驱使下，他开始认真地学习数学，并且在全州的数学竞赛中获得冠军。

自信心是孩子潜力的放大镜，是孩子取得成功的基础，而孩子的自信，首先来源于妈妈的赏识以及信任。如果一个孩子成长在只有批评没有夸奖的环境中，就很难得到自信。相对来说，一个积极夸奖的环境更容易激发孩子的自信。

给孩子一些正面的夸奖，让孩子知道妈妈其实在注意他做的每一件事，这对于他的成长很有好处。自信是需要逐步来培养的，妈妈可以帮助孩子做一个长期的计划。比如，让孩子每天都在听你讲过故事之后发表自己的见解，如果能坚持一个星期就可以奖励他。一年以后，也许你会发现孩子特别愿意在众人面前表现自己。

妈妈相信自己的孩子是有能力的，这对孩子能力的发展有巨大的促进作用。著名的“罗森塔尔效应”说明的就是这个问题。

罗森塔尔是美国的心理学家，1966 年，他做了一项关于学生对成绩期望的实验。他在一个班上进行测验结束之后将一份“最有前途者”的名单交给了校长。校长将这份名单交给了这个班的班主任。8 个月之后，罗森塔尔和助手再次来到这个班，发现被列为“最有前途者”的学生成绩大幅提高。其实，学生成绩提高快的原因很简单，因为老师更多地关注了他们，他们也对自己更有信心了。

其实，每个孩子都有可能成为非凡的天才，但是这种可能的实现，取决于妈妈是否可以像对天才有信心那样对他有信心。

如果你想培养自信的孩子，最好的方法是多对孩子进行鼓励，留意你对孩子说的每句话的措辞和语气，多做肯定性的评价，如“我相信你做得到的”“我对你有信心”“你做得真出色”，等等。卡耐基在他的人际交往课程中也提到这样一个例子，如果想改变一个孩子读书不专心的态度，妈妈会对孩子说：“哈姆，我真的要以你为荣，这个学期你的成绩进步了，但是假如你的数学可以再努力一些就更好了。”孩子听到妈妈这样的评价，非但不会从内心感到高兴，反而觉得妈妈在批评他，前面的表扬只不过是为了批评而做的铺垫罢了。而最聪明的妈妈会这样讲：“哈姆，你这个学期的成绩进步了很多，我们真的要以你为荣呢。而且，只要你下个学期继续努力，你的数学也一定会更出色的。”

如果孩子犯了错误真的需要妈妈做出批评，在不伤害他自信心的前提下，应该怎样说比较好：

1. 用低声和孩子交谈。一般来讲，低而有力的声音更容易引起孩子的注意，也容易让孩子注意倾听你说的话，这种比较平缓的方式，比大声训斥要好上一千倍。

2. 有的时候可以采用沉默的方式。孩子做错事的时候，心里多少有点自责。这个时候如果妈妈对孩子保持沉默，孩子的心里反而会更加紧张，进而反省自己。

3. 旁敲侧击加以暗示。有些妈妈面对孩子的过失，不是直接地批评，而是用启发式的教育，孩子会很快明白妈妈的用意，愿意接受妈妈的批评和教育，而且这样也保护了孩子的自尊心。

4. 用推己及人的方式说教。当孩子犯了错误给他们带来了麻烦，妈妈只要问一句“如果你是那个人，你会怎么想”，通过这样引导孩子设身处地地为他人着想，孩子也会意识到自己的过错，并促进他反省自己，主动承认错误。

5. 看到孩子犯错误要及时批评。妈妈批评孩子要趁热打铁，不能拖拉，因为孩子刚刚犯过的错误，可能一转眼就忘记了。

孩子的成长离不开自信，也就是离不开妈妈对他的信心。妈妈不要吝啬自己对孩子的赏识和信任，要把这些正能量转化为孩子的自信，使源源不断的自信成为孩子不断进步的动力，让这些动力创造出孩子精彩丰富的一生。

孩子需要妈妈给予成就感

母亲要给几个孩子分苹果。可是苹果有红有绿，有大有小，各不一样。

一位母亲告诉孩子："好孩子要学会把好东西让给别人，不能总想着自己。"

另一位母亲把那个最大、最红的苹果举在手中，说："这个苹果最大、最红、最好吃，谁都想要得到它。很好，现在，让我们来比赛一下，我把门前的草坪分成几块，你们一人一块，负责修剪好，谁干得最快、最好，谁就有权得到大苹果。"

结果，前一位母亲教育的孩子为了讨母亲的欢心，学会了撒谎，最后进了监狱。而后一位母亲的孩子从中明白了一个最简单也最重要的道理：要想得到最好的，就必须努力争第一，最后成了白宫的主人。

第二位母亲做法的高明之处在于激发了孩子的成就感。经常有成就感的孩子能够在将来更好地实现自己的人生目标。妈妈都希望自己的孩子将来能够出人头地，那么如何培养孩子的成就感呢？可以从以下几个方面开始：

1. 建立起良好的亲子关系。良好的亲子关系是提升孩子成就动机的大前提。孩子敬重和认同妈妈，这样能够充分发挥妈妈的影响力，妈妈正确价值观的建立对孩子的成就欲也有着间接的鼓励。

2. 丰富孩子健全的情绪体验。脑生理学家指出，支配创造欲望的区域与支配情感的区域，同在大脑新皮质的额叶。这正是与动物本质不同之所在。人有两片额叶，动物没有。只有人才会产生动物远不能比拟的复杂欲望和感情。因此，要发展孩子的成就欲，必须丰富孩子的情绪体验，使他们成为情感丰富、健全的人。

3. 要尊重孩子的独立性。孩子在独立做事情的时候会体验到各种情感，这种体验会反过来激发他们做事情的欲望和兴趣。在他们的努力下，事情成功时，心情与在别人帮助或强迫下成功是大不一样的，巨大的喜悦会激起争取更大成功的欲望，相反，失败了也会使他们产生出不屈不挠的精神。

4. 要创造条件让孩子尽早取得成功。成功欲是在一次次取得成功的基础上发展起来的。因此，无论孩子学什么、做什么，妈妈都要为之创造条件，耐心引导。切忌冷嘲热讽，伤害孩子。

5. 适时地给予正向的回馈。适时的鼓励和支持能成为激发孩子成功的动力。回馈可以用具体明确的言语表达，也可选择孩子感兴趣的方式。

6. 鼓励孩子涉足新的领域，敢于尝试没有做过的事情。妈妈习惯于责怪孩子的冒险行为：“太危险了！”“那可不能去！”禁令和责备对孩子十分有害。兴趣的萌芽、新奇的体验受到摧残。额叶因得不到足够的刺激而发展不起来，孩子会变成一个缺乏欲望的人。

7. 要帮助孩子不断总结经验教训。事后妈妈可以帮助孩子想想哪些地方存在不足，如果重新做时应怎样改进会做得更好，使孩子的聪明才智和成就欲得到更好的发挥。

成就感其实也是一种积极的期望，一种积极的肯定，会给孩子带来无穷的力量，妈妈要适当给予孩子成就感，让他尝到甜头，从而激发他去追求更多的成就感！

第八章

拒绝打骂，为孩子的成长创造快乐天空

打骂不是教育孩子的好方法，不打不骂照样能教出优秀的孩子。成功的现代妈妈应该是懂得拒绝打骂和暴力的妈妈，应该是能够给孩子的成长创造快乐天空的妈妈。

吓孩子，吓出儿童神经衰弱

一个在解放军医院工作的医生说："我们医院里，每年开学后一个月，都会有很多学生过来就诊，得的就是神经衰弱。"他介绍说，头痛、头晕、胃口不适是典型的儿童神经衰弱。孩子和成年人一样，一旦思想压力大，也会患上神经衰弱症。他接触过一些小学三四年级的儿童，要么头痛头晕，要么脾气暴躁、上课精神涣散，要么胃口不适。

医生的话让人很震惊，原来我们的孩子也正面临着神经衰弱的威胁，许多应该处于"无忧无虑"的童年的孩子，竟然患上了儿童神经衰弱症。这是为什么呢?

儿童神经衰弱主要产生原因是长期精神紧张，学习负担过重，成绩不良，家庭环境不如意，或患有贫血、传染病、中毒、体质弱及性格急躁、小心眼等。表现为入睡慢、睡眠浅、多梦、爱急躁、常常感到头痛或头部发热、头晕、食欲不振、怕声音、怕光、胸口发热，手脚麻木、容易疲劳等。

精神紧张是最主要的原因，而孩子之所以会精神紧张，往往是因为妈妈的恐吓引起的。据统计，全世界有 65% 的神经衰弱症儿童患病都是因为妈妈的恐吓！小孩子生性爱动，马虎容易犯错，而妈妈往往就因为这些小事而责备孩子，或者是以某种可怕的后果来恐吓孩子，最终造成了孩子的心理疾病。

有一个小女孩成绩不好，老师说她上课听讲不太认真。回到家里，妈妈就开始说:“现在不好好读书，将来你就去捡垃圾好了。”下楼扔垃圾时，妈妈还故意让孩子去看看垃圾箱里有些什么，好好想想以后要怎么捡垃圾。孩子看到垃圾箱里面有很多剩饭剩菜、动物的粪便、各种生活垃圾，这些脏东西让她心怀恐惧，她心想这么脏的垃圾怎么捡呀!

于是孩子对垃圾箱产生了阴影，她从来不去扔垃圾，路上碰到垃圾箱她也远远地避开，经常晚上做梦都梦到自己在脏兮兮的垃圾箱里面捡垃圾，这简直成为她挥之不去的噩梦……

其实，女孩的妈妈并不是想把孩子吓出毛病，只是想刺激一下孩子，让孩子警觉起来。可是，妈妈原本的一番好意却成了孩子的心病。因为这种过度的刺激，超过了孩子的承受范围，最终让孩子心理失衡，造成了孩子的心理疾病。

妈妈给孩子适当的压力是应该的，但前提是不能超过孩子的负荷，不能伤害孩子的心，更不要随随便便就恐吓孩子。要知道，孩子在学校面对着学习、与同学相处的压力已经很大了，他需要妈妈对其进行疏导，而不是加压，更不是妈妈的恐吓和侮辱。

大人如果神经衰弱了，放轻松，减少压力是最好的治疗方法。孩子也一样，当孩子神经衰弱时，妈妈要多给孩子一些温暖的鼓舞，帮助他们渡过成长中的一道道难关，要帮助孩子改变恶劣环境，减轻思想负担。另外，妈妈还可以鼓励孩子积极努力学习，安排好学习、文娱活动，保证睡眠，多参加集体户外运动，增强体质，改变胆怯、心窄的性格，从而建立起克服困难的信心与勇气。最重要的就是妈妈不要恐吓你的孩子！

少一点控制，多一些引导

控制是一种奇妙的东西，它是一种与生俱来的本能，隐藏在每个有思想的物种体内，人更是甚之。在家里，妈妈永远都想控制孩子，她们的初衷是对孩子的爱，这爱可以创造伟大的亲情，也可以创造家庭的不幸。因为，很多妈妈假借“爱”的名义来控制孩子。

总结家庭中利用爱的名义控制孩子，从而给孩子心灵成长带来不良影响的现象如下：

现象一："你是我生的，你是我养的，所以你该……"

这种让孩子背上还债的负担，是最常见的控制。按照序位，序位高的妈妈，不能要求序位低的孩子按照自己的模式生活，孩子有选择权利的前提是没有心灵的沉重枷锁。

现象二："你不听话，我养你容易吗？真不如当初不要你了……"

养育孩子等于受苦，还有威胁；迫使孩子以自己的命运进行补偿，威胁式的控制让孩子从小便没有安全感。

现象三："我活得不容易，我的生命是悲惨的……"

这是隐性的控制，也是负面效应很大的控制。这种动力会迫使孩子将自己的生活变得更差以寻找心灵的平衡。或者"你不听我的话，我真命苦……"妈妈有时以自己多么"命苦"来要挟孩子听话，孩子被迫进行补偿，往往带来孩子悲剧性的性格命运。

以上种种对孩子的控制，大多假借"爱"的名义。中国的多数妈妈总是认为什么都管，让孩子完全按妈妈的思路去做，便是对孩子最完全的爱。其实不然，在孩子年龄还小时，思想和经验还都不足以独立处理自己的人生大事时，妈妈是孩子的监护人，他们有责任也有权利来要求孩子按妈妈的思路去做一些事情，尽管有时候孩子并不情愿去做，但他们的能力不足以摆脱妈妈对他们的控制。

那么，妈妈应该如何做才能使孩子"少一点控制，多一些引导”呢?

1. 妈妈应该克制自己的控制欲望

如果妈妈对孩子的控制欲比较强烈，建议妈妈首先应该把心态放平和。对孩子有期望是好的，但不要在孩子面前时时处处表现出来，不要急躁，有时候按照对的思路去做了，一时没看到成效，也不要太着急，继续做下去就行了。

2. 尊重孩子，给孩子自由

妈妈尊重孩子，孩子才能尊重妈妈。有的妈妈只希望孩子对自己言听计从，而不能有观点或者申辩一下，否则就对孩子大声训斥。这种孩子长大后很可能是一个人云亦云的人，没有自己的观点。

3. 给孩子一些成长空间

给孩子一些成长空间，离孩子稍远一点观察。孩子的成长应该顺其自然，不应该使其思想被条条框框所限制，更不能强硬改变，而应该利用一些生活场景，尽量提供一些孩子发展的外部环境，正确地诱导孩子。

4. 培养孩子独立思考和判断的能力

独立性是一种习惯，是在生活中慢慢养成的，如穿衣穿鞋、吃饭洗手这类小事。孩子做任何事情，都会碰到次序、步骤的问题，也有效率和结果的不同，这就是因果关系，就是逻辑。更复杂的独立思考、判断的习惯是在独立意识的基础上，在感觉经验和知识的积累中形成的，或许孩子大一些妈妈才会比较关注这一点，但这种能力不是说有就有的，这更多的是长期训练之后形成的一种对环境和面对事情的反应习惯。如果孩子从小就没有这种习惯或能力，可以肯定地说，长大后也不会有。

5. 引导孩子的生活态度和价值观

当孩子逐步具备了事物的简单意识之后，几乎每时每刻都在对外界事物和信息进行着判断和选择。妈妈通过孩子在一点一滴的小事中的不同做法的选择加以引导，就可以逐步培养孩子乐观、向上的生活态度和良好的价值观。

作为妈妈，当然不能对孩子不加管教、听之任之，但是控制过严又可能压制孩子天真烂漫的童心，对孩子的心理健康产生消极作用。所以，要对孩子多些引导，不妨让孩子在不同的年龄阶段拥有不同的选择权。只有从小能享受选择权的孩子，才能感到真正意义上的快乐和自由。

永远用温和的态度对待孩子

妈妈的态度不仅影响孩子对生活的看法，还会影响孩子智力和能力的发展，影响孩子的行为和道德发展。妈妈会给孩子的成长提供大量的实践材料。孩子的各种行为都受妈妈态度的影响和强化。孩子处理事物的方式，处理人际关系的方式，自尊、自信、自主性、意志力等都受妈妈态度的影响。

妈妈对孩子的态度不仅影响孩子智力发展和学习，也影响孩子其他能力和人格的发展，如孩子的社会适应能力、人际交往能力、自主能力、独立能力等。人的这些能力是在童年时代奠定基础的，妈妈对待孩子的态度，对孩子在这些方面能力的形成有巨大影响。妈妈是用温和的态度鼓励孩子去和其他孩子交往，还是限制孩子的交往；是有意让孩子在某种环境受到挫折，得到锻炼，还是把孩子保护起来，害怕孩子受到挫折；当孩子受到挫折是帮助、鼓励孩子，还是讽刺、嘲笑、忽视孩子，甚至让孩子在挫折面前逃避，都将对孩子造成重大的影响。

妈妈对孩子持有消极粗暴的态度，就会影响孩子的行为向不良或不健康的方面发展，妈妈对孩子持有积极温和的态度，就会影响孩子的行为向健康的方面发展。只有在妈妈温和的态度下，在妈妈的鼓励和帮助下，孩子在社会能力方面才能建立起较好的自我评价和自我意向，建立起自信心，从而很好地发展出自主能力、独立能力和其他社会能力，为一生奠定良好的基础。

当发现孩子犯错时，妈妈要注意控制自己的情绪，从孩子的角度出发，用温和的态度对孩子讲清楚问题的后果，让孩子认识自己的错误，当然还可以用温和的语气进行适当的批评。

很多妈妈也想用温和的态度对待孩子，但往往控制不住自己的情绪。那妈妈要怎样才能控制自己的情绪呢？

1. 妈妈要控制情绪，平衡心态

当孩子犯了错误或做出一些令妈妈难以接受的行为时，有些妈妈一时过于激动，控制不了自己的情绪，打断甚至不听孩子的解释，就对孩子采取训斥或粗暴的打骂。的确，孩子在妈妈的大吼大叫下，或许会表现得听话、服从，但这样的手段会使妈妈逐渐无法控制局面。初期会让孩子受到惊吓，影响稳定的情绪和心理发育。逐渐就会使孩子有错也不同妈妈说，而是采取隐瞒、撒谎等方法来逃避妈妈的斥骂，久而久之也会像妈妈一样以同样的手段对待别人。

2. 要学会对孩子的错误冷处理

妈妈打骂孩子往往是在心急的时候，因此要学会冷处理。所谓“冷处理”，就是在自己着急、上火、生气时不要教育孩子，自己先消消气，等心情平静了再教育孩子。而当孩子也处于生气、激动的时候，也不适宜教育，应该等孩子平静下来再用温和的态度进行教育。这样才能防止粗暴型教育，才能冷静地、客观地处理孩子的各种问题。

3. 不要让自己的坏情绪感染孩子

妈妈还应该注意自己日常生活中的情绪对孩子的影响。不要在孩子面前表现出消极的情绪，那样会使孩子处在一种不和谐的家庭环境中，受到妈妈的消极情绪影响而导致情绪上也发生变化。

总之，妈妈需要用温和的态度对待自己的孩子。当妈妈为孩子的错误烦恼时，不妨静下心来，平静地分析孩子的错误，用温和的态度耐心地对待孩子，孩子才能更健康茁壮地成长。

不用命令的口气跟孩子讲话

家庭教育专家卢勤女士认为，“成人世界”与“孩子世界”沟通的钥匙，不仅仅掌握在孩子手中，而是妈妈和孩子每个人手中都有一把，最重要的是妈妈手中的钥匙。妈妈要想和孩子沟通，需要学会一件事——经常从孩子的观点上来思考，从孩子的角度来观察、决定事情，这是对孩子最大的尊重。她说：“与其用命令的方式对孩子指东指西，不如蹲下来好好和孩子说话。”

妈妈能在家庭中创造一种平等民主的“空气”，这是孩子的幸运。在这样的家庭里，孩子会觉得妈妈是自己的朋友，而不是高高在上的权威。

谢美娟就是个聪明的妈妈，她对这一点就深有体会。

有一天，女儿莉莉回家晚了，谢美娟帮女儿拿下肩上的书包，陪女儿吃饭，告诉女儿这是特意为她准备的。谢美娟告诉女儿，她已在窗口看了很多次，盼着女儿回来。女儿说，她陪同学买东西去了，所以回来晚了，并向妈妈道歉。

谢美娟说：“孩子，妈妈知道你是一个有责任心的好孩子，相信你不会惹麻烦，但妈妈牵挂你，担心你遇到交通方面的问题或别的什么事情。以后，最好先打电话回来说一下。”

女儿高兴地亲了一下谢美娟：“妈妈，你真好！”

谢美娟从孩子的角度出发看待孩子的过失，使孩子能感受到妈妈对她人格的尊重，感受到她与妈妈在地位上的平等。在我们周围，有许多妈妈喜欢用成人的思维方式来看待孩子的行为，喜欢用命令的方式和孩子讲话，这是不科学的。

孩子本身就是一个独立的个体，有自己的思想，自己的人格和尊严，他们都希望妈妈能够给予自己尊重和平等。妈妈只有和孩子站在同一水平线上，孩子才有可能感受到平等和尊重。

平等地和孩子说话，是培养孩子独立意识的有效方式。

有的妈妈在家里总爱摆摆为人妈妈的架子，对孩子呼来唤去，常用命令的语气对孩子说："把我的眼镜拿来！""不要动那本书！""今天晚上不准出去玩！"当时倒是够威风、够痛快的，可是这些妈妈逐渐就会发现，孩子们不吃这一套了，而是常将妈妈的一道又一道命令成当耳旁风。

经常用命令的口气对孩子说话的妈妈，应该了解：命令并不是一种好的教育孩子的方式。命令并不比积极的暗示对孩子更有效，而且命令让妈妈的教育行动不能留下回旋余地。例如，妈妈命令孩子去睡觉，偏偏孩子置若罔闻，只管自己玩自己的，而妈妈一时也拿这些小淘气没办法。这样次数多了，孩子就觉得不听妈妈的命令也没什么，那下次也就更不会听了。如果妈妈明白孩子的心理，这样对孩子说："呀，这东西真好玩呀！可惜时间不早了，乖孩子该去睡觉了。要不你再玩5分钟，就去睡觉，好吗？"这样既夸孩子乖，又是用征询的口气同他说话，孩子感受到了尊重，也许用不了5分钟就乖乖地睡觉去了。而且这样为妈妈留下了余地，即使孩子暂时不听话，也不至于激得妈妈为了自己的威严而与孩子大动肝火。但妈妈一旦向孩子发出了命令，那是一定要让孩子服从的，不然不利于以后的教育。

所以，妈妈对孩子一定要注意说话的语气，千万不要用命令的方式。在具体的家教实践中，妈妈首先要对孩子的心理进行一番“研究”，然后想想自己在孩子这样的年龄，遇到同样的事情时是怎样想的、怎样做的。这样就可以发自内心地理解孩子，从而从更高的角度看问题，解决问题的方法自然会得到改善。

伤害孩子的话永远别说出口

也许你从来没想到过，自己随便说出来的一句话，会对孩子的心灵产生多么重大的影响。你所使用的语句可能让孩子更加乐于合作，更加自信，但也可能令他们感到挫败和失去信心。因此，作为妈妈应该多说能解决问题并让孩子快乐的话，而避免说一些些伤害孩子的话。

经常遭受语言伤害的孩子，心灵会比其他孩子更扭曲，即使成年之后也会出现较多的行为障碍和个性弱点，难以适应社会。为了孩子健康成长，妈妈要对不良语言的严重后果予以高度关注，不要以为区区几句过头话不会对孩子造成多大危害，气急之下就说许多刺激孩子的话，对孩子造成了心理伤害，却浑然不知。

妈妈作为孩子的第一任老师和最亲近的朋友，要明白这样的心灵伤害比肉体的伤害更严重，切不可让孩子感觉“最亲近我的人伤我最深”，因而疏远、躲避妈妈。

作为一位母亲和祖母，龚丽枚也面对过这样的尴尬和冲突。

有一次，她和女儿带着6岁的外孙到西班牙度假。在一家商店里，外孙非要买滑板，但妈妈说："你已经有两个了，不能再买了。你这个人，怎么这样贪得无厌啊！"

小男孩一下就躺在地上尖叫起来："我就要，现在就要！"

龚丽枚说："作为一个儿童精神心理专家，我感到十分羞愧，我就走出去了。"

在外面站了一会儿，龚丽枚觉得自己应该做些什么，就进去对外孙说："我知道你很伤心，很生气，有的时候生活就是这么让人沮丧。不过我有个好主意，你愿意试试吗？"

小男孩觉得外婆理解他，又想尽力帮自己，就停止了尖叫。

龚丽枚说："你想要滑板，可我和你妈妈都不愿意给你买。我们可以到别的商店看看，有没有商店愿意把它作为礼物送给你。"

小男孩高高兴兴拉着外婆的手来到另一家商店，外婆把他介绍给售货员，问是否能满足孩子。售货员说："不，我们没有。"

两人走了四家商店都碰了钉子，到了第五家，小男孩说："我不买滑板了，我还是玩家里的那个吧。"

碰到案例中的情况，通常情况下妈妈都会说"你不应该尖叫""不许哭"。但是作为一个人，出现这些情绪是正常的。妈妈应该尊重孩子的情感，允许他们表达，否则，就会造成对孩子心灵和情感的伤害。

怎样才能避免对孩子造成情感伤害呢？其实，妈妈要避免对孩子的语言伤害，并不是件难事。

首先，要多鼓励孩子，采用积极性语言教育孩子，时时刻刻注意不对孩子说伤害他们的话，尤其是在“恨铁不成钢”或气急的种种情况下，更要保持理智，控制好情绪，努力做到和风细雨、循循善诱。

其次，要做好自我调整，以平常心看待自己的孩子，根据孩子的生理、心理特点，因材施教。避免说出诸如“你怎么越大越……”“你都这么大的人了，竟然还……”“你怎么就不能像人家……那样呢?”“我刚才是怎么跟你说的?”之类的话。这些话语都会刺伤孩子的自尊和心灵。

最后，讲究批评的艺术，要以提醒、启发来代替指责、训斥。如用“我相信你可以做得更好”鼓励孩子有更努力的动机，用“没关系，慢慢来，尽力而为”帮助孩子调整焦虑、紧张的情绪，等等。

总之，“良言一句三冬暖，恶语伤人六月寒”，同样是语言，功效却截然不同。妈妈们若要科学地教育孩子、关爱孩子，就该多用良言，禁用恶语，以免对孩子造成语言伤害，酿成无法挽回的过错。作为妈妈，为了孩子，从现在开始，改变自己的说话方式吧。

不用权威的口吻指责孩子

有教育专家曾指出，责备孩子的声音越小，孩子听得就越认真，教育的效果也就会越好。在现实生活中，很多妈妈时刻不忘自己的妈妈权威，动辄对孩子破口大骂，似乎只有这样才能表现出自己的妈妈地位。其实这是完全错误的。

还有些妈妈批评孩子时表情严肃，声音很大，以为嗓门越大，孩子记忆越深刻，效果也就越好。其实这是家庭教育的误区，这样不仅不能收到预期效果，还有可能引起孩子的逆反心理，结果事与愿违。

据美国教育专家一项研究结果显示，与肉体处罚比较起来，妈妈对孩子动不动就破口大骂，更有可能在以后的岁月给他们造成心理伤害。

哈佛大学医学院教授马丁·H. 泰切在《美国家教研究》杂志上撰文指出："每个妈妈都不应该低估对孩子责骂产生的后果。"泰切还表示，妈妈应该对孩子所遭受的各种不同的创伤给予细心的关注，因为与那些特定的身体上的虐待相比这或许更具严重性。

泰切在报告中指出，一直以来缺乏对孩子遭受口头责骂所造成的影响的研究。此前专家的研究只集中于身体或性虐待或目睹家庭暴力对孩子造成的长期性影响。

泰切还发现：只经历过情感虐待对孩子的心理影响和对那些只经历过性虐待的孩子或只经历过身体虐待孩子的影响是一样的。与身体和性虐待相比，情感虐待对精神分裂症状的影响更为强烈，而那些经历辱骂和目睹过家庭暴力的孩子与那些经历家庭性虐待的孩子相比会表现出更多的分裂症状。经历过的虐待类型越多，精神病学方面的症状也就越多。

泰切最后得出结论：遭受责骂容易让孩子产生压力，心情紧张，这又影响了他们大脑中某些脆弱区域的正常发育，导致他们在精神病学方面出现许多严重后果。

孩子容易犯错，并经常犯同样的错误，妈妈的批评指责是必要的。但态度一定要诚恳，倘若大声训斥，结果收效甚微或适得其反。那么妈妈们在责备孩子时要掌握好以下技巧：

1. 指责要适时和适度

孩子有了缺点错误应及时给予责备，趁热打铁，不可拖拉。在责备孩子时，态度要严肃，语气要平和，摆眼前事实，讲错在何处，不要翻老账，拉三扯四地说上一大堆。孩子听了烦，当作耳边风，会事与愿违，达不到目的。

2. 语速应缓慢，以低于平常的声调责备

有的妈妈一见孩子犯了错误，也不问青红皂白自己先激动起来，连珠炮似的数落孩子，孩子往往因惧怕而一句也没听清楚，更没听进去，说了也白说。如果说话时的语速放慢些，低而有力，让孩子听清楚你所表达的态度，则更有利于孩子明白自己的错误所在。

3. 以说明过失的后果代替责骂

如果孩子不慎抓破了同伴的脸，有的妈妈开口便责骂孩子："谁让你去抓人家的？看我不打你的手。"这样一来，反而强调了孩子的过失行为，孩子的注意力就会全部集中在与你的责备相对抗上，根本不会想到反思自己的行为，也就达不到教育的目的。遇到这种情况，妈妈可以用说明过失后果的方式来调动孩子的情绪体验，比如，可以对孩子说"你把别人的脸都抓破了，流了血，如果是你会不会很疼呢？"从而唤起孩子的同情心，这样他才能反思自己的过失行为，并逐渐改正。

4. 要让孩子知道你是爱他的

有的妈妈责备孩子后，常常忽略了这一环节，把孩子冷落在一边，常常使孩子将委屈的情绪转嫁到妈妈的责备上，而产生抵触情绪。因此，妈妈应在孩子有悔过表现时，如伤心、流泪、反省时，通过替孩子擦眼泪、搂抱、抚摸等举动，告诉他你是为他好，是爱他的，引导他说出对过失的认识。这样，你的责备不仅使孩子认识到了错误，也增进了和孩子之间的感情。

所以，妈妈们在指责孩子的时候一定要掌握技巧，千万不能用权威的口吻指责孩子。

不对孩子一味指责

在生活中，不少妈妈可以经常听到其他妈妈这样说自己的孩子："我这个孩子，一点都不争气，学习不用功，在家里做作业慢吞吞的，一点上进心都没有，从来没有见过这样的孩子。你看 ×× 家的孩子多好，学习用功，成绩又好，学习上一点都不用妈妈操心，我这孩子该怎么办啊？"

我们相信，这些总是抱怨、指责孩子，或总在孩子面前说别人的孩子是天才、别人的孩子好的妈妈，目的是激发自己孩子的上进心，结果却事与愿违。

成年人如若整天面对批评，也会失去自信心，工作起来也没有兴趣，更何况孩子呢。

欣欣从小学二年级就开始练小提琴，已经十多年了。一方面出于自己的爱好，另一方面一直寄希望于文艺特长能对高考录取有利。

一次，欣欣正在练琴，妈妈在旁边监督，发现她的手形不对，就用一根小棍挑起她的手腕，大声训斥："跟你说过多少次了，手形不对，你怎么总是出错啊？"

欣欣马上改正过来，但是不一会儿，手形又不对了，妈妈又大声训斥她。这样几次，欣欣也有点着急了，对妈妈说："我练不好，我不练了！"说完就跑了出去。

其实刚开始练琴时，欣欣很有积极性，每天都主动要求练琴，并且很努力。但在妈妈一声高过一声的训斥中，弹琴变成了欣欣最讨厌的事情。后来，她对钢琴完全失去了兴趣。

有很多妈妈和欣欣的妈妈一样，她们经常会在孩子学习一项新事物时，密切注视孩子的一举一动，一旦发现有错，立即十分着急地加以纠正，甚至训斥、打骂孩子，非让孩子做到分毫不差才行。其实，如果妈妈只是采取批评、挑剔的态度来矫正他们的错误，无形间将强化孩子的错误行为，甚至让孩子产生严重的自卑心理。

因此，妈妈对孩子应该多鼓励，经常告诉孩子，他是妈妈的骄傲，只要他努力一定能行。孩子取得成绩时一定要及时表扬。那么对待孩子的错误，妈妈应采取怎样的措施呢？

1. 不要埋怨

妈妈如果一味地埋怨，只会使孩子的心情越来越坏，焦虑不安，严重的会产生抑郁表现。还有些妈妈只顾自己嘴上痛快，怎么想就怎么说，甚至让话语偏离事实，对孩子很不公正。

2. 平静对待

有的妈妈看到孩子的错误，就大肆指责孩子，甚至不分青红皂白地罗列“罪名”，只要是平时做得不对的、不好的，有关无关的都扯进来。本来孩子心情就很沉重，这时妈妈非但没帮他们解脱，反而火上浇油，使孩子更加委屈，更加烦闷，甚至感到绝望。这对孩子改正错误不会起到任何作用。反之，妈妈应该和风细雨，帮助孩子调整心态。

3. 科学指导

对孩子的盲目冲动心理，要给予指出。有针对性地指导其正常活动。帮助他们理智地超越情感，培育高尚情操。

4. 把握尺度

在对孩子的教育过程中，妈妈应把握好度，既不要一味地指责，也不能盲目地夸大表扬。在发现孩子有错误时，千万不要再给他贴标签。因为，很多孩子自身有了缺点后，他们也感到矛盾、彷徨、痛苦，这个时候你还去给他贴标签，说他“自毁前程”“完全不理解妈妈的苦心”等，一般都会出现截然相反的效果，孩子要么更不理你、更烦你；要么马上离你而去，把他的房门关得更紧；更糟糕的是，有时还会冲着你吼道：“烦死人！不要你管！”所以，妈妈们面对孩子的错误，指责是不能解决问题的，只能增加孩子的心理负担。妈妈应该把埋怨教训的口气换一换，尝试用不同的方式与孩子交谈，努力改进亲子关系，这样才能逐步把孩子引导到正确的轨道上来。

罚小错才能免大过

妈妈教育孩子要赏罚分明，孩子做得好要给予奖励，但孩子做错事时也一定不能姑息，哪怕只是小错也要进行适度的处罚，这样孩子才能正视自己的错误，及时改正。

5 岁的欢欢喜欢玩火，只要是与火有关的东西，如火柴、打火机，甚至家里的炉灶他都要去摆弄摆弄。

欢欢的爸爸也喜欢各式各样的打火机，从气体、电子式到机械式打火机，甚至古老的火镰……对于欢欢玩火的行为，妈妈从来没有给过任何处罚，他们觉得玩火也不是什么大错，看着女儿熟练地使用各种打火机，欢欢的爸爸甚至有些得意地说："瞧，我的女儿就是像我！"

可是有一天，欢欢在家里玩一个爸爸刚买来的打火机时，一不小心把自己的帽子烧了个洞，脸上还蹭上了不少黑灰！欢欢的妈妈看到女儿的狼狈样，非但没有狠狠地教训她，反而笑得喘不过气……

几天后，妈妈带欢欢去农村的姥姥家，一不留神，欢欢居然和几个表兄弟一起玩起火来，不知从什么时候开始，姥姥家的草垛已经燃起了熊熊大火！欢欢的爸爸跑来，怒发冲冠，拉过欢欢就是一顿痛打。

通过欢欢的妈妈我们可以了解到，一些妈妈有时也会认为孩子的小错并无大碍，不用小题大做。

一般人认为，孩子犯了小错可以不问，犯了大错就必须加以批评，其实不然，小错更应该引起妈妈的重视。

其实，孩子的判断能力远不及大人成熟，他时常会犯错误。但是，即使是孩子，也具有区分好坏的基本判断能力，如果犯了严重的错误，内心深处一定会有所察觉。虽然不知原因，他也会自问是否做错了。

除了及时指出孩子的过错，还要注意方式。如果妈妈在一旁呵斥，孩子刚刚萌发的反省心也会一下子化为乌有，进而产生反感，如此就会带来相反的效果。

当孩子遭到较大挫折，换句话说，当孩子处在成长的关键时刻，妈妈当场数落，不如给孩子留下自我思考的机会，等事情过后，再慢慢细问："那件事怎么样了？""当时觉得很困难吧？"有了反思的机会，孩子才有可能从各个角度去检讨错误，并从中吸取教训。

相反，当孩子犯了小错误，就应随时确认，及时给予批评警告。有时，孩子未必能意识到自己的错误，如果不加以纠正，小错很可能演变成大错。因此，不断纠正小错误，才能做到防患于未然。

如果妈妈对孩子的一点小过错不断纵容，也会累积成大过。因此，妈妈在教育孩子时，一定不要纵容孩子的小过错，要不然只会害了孩子。

我们在这里对妈妈的忠告是：面对孩子的小错误，妈妈要立即纠正，正所谓"堵蚁穴而保千里之堤"。如果孩子犯下小错误，当妈妈的不能立即纠正，一旦孩子犯下大错误便后悔莫及。

如果孩子犯了错误，在他的意识里，他会感觉到自己做了错事。此时，妈妈应当抓住孩子“我犯错误了”的心理，立即进行有效的教育和行为上的纠正，这样一来，孩子就不会再犯类似错误。

在日常生活中，妈妈不要有觉得孩子犯些小错无妨的意识。当孩子犯错时，要及时提出批评，但切忌过于严重或夸大。妈妈在发现孩子犯下比较严重的错误时，不要大发雷霆地惩罚孩子，应该仔细帮助孩子分析错误的原因，让他意识到错误的严重性，自己在反省中得到教训，避免日后再犯。

第九章

妈妈不能忽视的小事儿

在生活中，妈妈经常会有意或无意地忽视一些小事儿，以为没有什么大不了，殊不知却对孩子的心理产生了很大的影响。为了减少在有意或无意中伤害孩子的次数，妈妈必须有意识地记住一些不能忽视的小事儿。

尊重孩子的朋友也是尊重孩子

一位家长中午回家，打开家门，发现上小学五年级的儿子正和两个同学“大吃大喝”，碗筷摆了一桌，儿子见妈妈回来了，忙站起来，叫了声：“妈！”她没应声，两个同学站了起来，叫了声：“阿姨，您回来啦！”这位家长一声没吭，径直走进屋里，“砰”地关上门，半天没出来。吓得孩子和两个小伙伴慌忙溜走了。到了晚上，孩子回到家，没有吃晚饭。尽管父母轮番相劝，孩子还是滴水未进，而且一连几天食欲大减，情绪低落，提不起精神，没有笑容。妈妈这才后悔不迭。

尊重孩子是培养教育孩子的最大前提，这也包括尊重孩子的朋友，不能限制孩子结交朋友的自由。妈妈要知道，自主尊重孩子的小朋友，也就是尊重孩子本人，孩子会在妈妈的尊重中得到自身的欣慰和心理的满足，也会得到小朋友、伙伴的认可和接纳。显然，妈妈对孩子伙伴的冷落，不仅使孩子感到对不起小朋友，甚至感到无颜见伙伴，而且使孩子感到妈妈不给自己留面子，不尊重自己。所以，妈妈不尊重孩子的朋友，这会使孩子的自尊心受到严重的伤害。

孩子需要朋友，孩童时代的友谊是非常珍贵的。朋友的缺失不仅使孩子的童年极为孤独，而且对孩子的身心健康极为不利。因此，妈妈应该珍视孩子的朋友，尊重孩子的朋友，支持孩子的社会交往，这即是赏识和尊重孩子，不仅可以让孩子感觉到妈妈对他的尊重而更加信赖妈妈，而且可以促进孩子之间的友谊和交往，促使他们互相帮助、互相学习，还可以培养孩子团结友爱、协作互助的良好习惯和健康的心灵。既有利于形成孩子健全的人格，使孩子的心智得到全面的发展，也有利于孩子能够正常、自由地与人结交，汲取他人的长处，学到融入社会的技巧。

因此，妈妈应该鼓励孩子交朋友，当孩子有了朋友之后，应该通过赏识和尊重，促进孩子之间的交往。妈妈应该把孩子的朋友当成自己的朋友一样，采取热情欢迎的态度。

当小朋友来家里时，妈妈应该说："我们家来朋友啦，欢迎欢迎。"或者"你们能来太好了！不要客气，就像在自己的家一样！"还要鼓励孩子认真接待，让孩子的朋友感觉到你对他们的支持和赏识。

尊重孩子朋友的一个重要原则，就是妈妈切忌“戴有色眼镜”看孩子的朋友。很多妈妈喜欢孩子与成绩优异的孩子成为朋友，而对于一些学习不突出的同学就冷淡相对，这是不对的，不仅伤害了孩子的朋友和孩子自己，也会在无形中教给孩子势利眼的意识，污染了孩子纯洁的心灵。妈妈应该合理地看待孩子的朋友，发掘别人的优点，而不是老盯着别人的不足。学习成绩不好的同学，有的具有其他方面的特长，比如篮球打得好，美术突出，或者是写一手好字，有一颗善良的心，等等。因此，与成绩差的同学不但可以交朋友，而且应该交朋友，可以从不同的同学身上学到不同的优点，促进孩子的全面发展。妈妈需要做的，仅仅是教会孩子分辨出朋友哪些地方是值得学习的，哪些方面需要摒弃。

另外，妈妈对待孩子的朋友也应真诚，不能停留在表面上，而是要真心诚意。有的妈妈对来家里玩的孩子的朋友，表面上很客气，可等人家一走，就会对自己的孩子吐槽：“学习这么差你还跟他玩，怪不得你学习越来越差！”这种做法，不但会损害孩子与朋友的感情，伤害孩子的自尊，也会影响妈妈在孩子心目中的形象，伤害母子感情！

所以，面对孩子的朋友时，妈妈要认真对待，千万不要轻易伤害孩子的友情，因为友情那头连着孩子的自尊。

像小孩的妈妈让孩子无所适从

美美是个读初三的女孩，美美的爸爸总是在外面忙着挣钱，回家之后，把所有的时间用来陪美美和她的妈妈。美美的妈妈平时做点兼职，清闲时便打打麻将，逛逛街。妈妈的性格很像个小孩，天真无邪，偶尔也会发点小脾气，情绪不好的时候会肆意向孩子发火。前些日子，美美的爸爸突然病倒了，去医院检查才知道得了糖尿病，并且爸爸以前的高血压也犯了。美美知道这个消息后很伤心，她哭了。这时她突然看到旁边的妈妈早已哭肿了双眼。以后的日子，美美的妈妈经常抱怨生活不公平，她整天哭得跟泪人似的。美美却很少哭，她小小年纪就懂得自己应该减轻家里的负担，为此她一改平日大手大脚花钱的习惯，变成了一个从不买零食吃的孩子。她还经常安慰妈妈："妈妈你别哭，爸爸的病一定会好的，我们的生活还会回到从前！"

就这样，为了使妈妈宽心，美美初中毕业后没有报考高中，而是上了职高，她想尽快上学出来赚钱，并且从她初中毕业就开始了半工半读的生涯。她用自己业余时间打工挣的微薄工资孝敬妈妈，使妈妈回到从前花钱宽裕的日子，但是她自己却感到很累！

美美之所以感到累，是因为她本该在家庭中扮演孩子的角色，处于被保护的地位，而现在她却要扮演妈妈的角色，她的妈妈则成了一个十足的孩子。这种妈妈与孩子之间的角色心理倒置其实是一种不健康的家庭模式。

这种现象并不少见，在许多家庭，妈妈与孩子的亲子关系是倒置的。妈妈是控制不住脾气的、随心所欲的孩子，孩子则是特别善于为妈妈考虑、特别有自制力的妈妈。

这种倒置的亲子关系有很大的迷惑性，即妈妈在对孩子随心所欲地提出各种各样的要求时，仍然打着“我是你爸、妈”“我比你有阅历”的旗号，而孩子也因此陷入混乱一孩子会觉得妈妈似乎比他们成熟。但其实，只要略加分辨，就不难看出，妈妈的这些做法是非常孩子气的。孩子气用在孩子身上无可厚非，而用在妈妈身上就显得不合时宜了。也许女人都想保持年轻，但是孩子气不是年轻的标志，既然选择了做妈妈，就得做好牺牲任性的准备，因为新的生命比你更任性。

孩子就是孩子，稚嫩纯真是他的本性，妈妈应该小心呵护这样的美好，延长孩子纯真岁月的快乐。而长期的角色倒置会使孩子在本该无忧无虑的年龄变得过于老成，在不恰当的时候，注入太多的苦水，背负过于沉重的负担。也许，孩子不会向你抱怨你给他无形的压力，也许孩子还是会尽全力做好你的依靠，但是，你的任性剥夺了孩子的天真烂漫，你的轻松牺牲了孩子的轻松。

当你自认为是一个伟大的妈妈时，或许正是应该反思的时候：有没有忍不住向孩子宣泄情绪？有没有对孩子或打或骂？有没有把孩子当成倾诉的对象，把自己的苦恼转嫁到孩子身上？有没有经常朝孩子撒娇？

经常做出这样一些孩子气行为的妈妈应该警醒了！要明白一颗稚嫩的心灵不足以承受如此沉重的负担，还是彼此回归最初的角色吧。你是成人，是孩子的妈妈，你不仅仅是孩子生活上的照料者，更应是孩子人格的基石。而孩子仅仅是个孩子，他们不管多大，在你面前仍可以像最初那样淘气。让孩子依靠是你的本分，依靠年幼的孩子就是你的失职。

当妈妈错了，真诚地向孩子道歉

“乐乐，我跟你讲了许多次要守时守约，否则会浪费别人的时间，也会给别人留下不好的印象，你不这样认为吗？”

“的确不好，不过，也没有什么大不了的吧。”

妈妈有些生气：“怎么能说没什么大不了的呢？你养成这样的毛病，长大会怎么样呢？还有谁会信任你呢？”

看见妈妈生气，乐乐也有些沉不住气了：“你是大人了，不是也过得很不错吗？没见你有什么麻烦呀？”

“你是什么意思？”妈妈没想到话题会转到自己身上。

“你大概忘记了，好几次你答应来参加我们学校的活动，我都跟老师说了你会来，可是临到活动结束也没见到你的身影。”

“那是因为我临时工作上有事，而且你学校的那些活动也不是非参加不可……”妈妈注意到儿子不屑的甚至有些讥讽的表情，尴尬地停住了，她突然意识到自己错了。于是，她对乐乐说：“乐乐，我没有意识到自己的行为对你造成的影响，我当时的确有急事不能去，但我应当事先或事后向你解释一下，并去向你的老师解释，我真的很抱歉，你能原谅我吗？”

听到妈妈这么说，乐乐突然有些不知所措："没关系，我知道你很忙。下次打声招呼就可以了。"

"你们下一次家长座谈是什么时间？我一定把工作安排开。当然如有意外我会和你联系，好吗？"

"好的，谢谢你，妈妈！"

每个妈妈都会教育孩子要勇敢承认错误，学会道歉，但是却不是每个妈妈都会道歉，尤其是在孩子面前承认错误。

不少妈妈认为自己是一家之主，需要保持自己的形象与威信，因此不愿意在孩子面前承认自己的缺点和错误。比如，有的妈妈明明知道自己做错了事，冤枉了孩子或误导了孩子，还给自己护短，不当回事儿。这就违背了做人的基本原则，也是家庭教育之大忌，次数多了，妈妈就会在孩子心目中失去威信，更不用说教育了。

实际上，妈妈如果从不向孩子承认自己的缺点、过失，孩子就会产生"妈妈说的话永远正确，但实际上老是出错"的印象，久而久之，对妈妈正确的教诲也会置于脑后。妈妈如果在做错事后总能郑重地向孩子认错、道歉，孩子就会懂得承认错误并不是一件可耻的事，就会提高分辨是非的能力，尝到原谅别人的甜味。比如，当孩子闯祸后有的妈妈由于一时气愤，往往会对孩子进行不恰当的、过重的批评或惩罚，事后又往往会后悔。这时，倘若妈妈能真诚地向孩子道歉，补救自己的过失，就能引导孩子往好的方向发展。

妈妈是孩子行为的榜样，当你犯错时，及时真诚地道歉是至关重要的，你可以从以下几个方面做起：

1. 犯了错误，虽然是不太严重的错误，但事后一定向孩子道歉。

2. 答应孩子的事情若做不到，马上向孩子说明原因，得到孩子的谅解。

3. 道歉时，态度要郑重、真诚。

有一位母亲在教育孩子时，曾多次将自己在成长过程中犯过的错误告诉孩子，并详细地分析主客观原因，尤其是分析自己的一些缺点在产生这种错误中所起的作用，其目的就是让孩子在今后的人生道路上不再犯同她一样的错误。

有的妈妈害怕跟孩子认错会降低自己在孩子心目中的地位，事实上，这种担心是完全没必要的。要知道，人无完人，每个人都可能会犯错误，你也一样，每个人都要对自己的错误负责。通过道歉，你会让孩子明白，妈妈也会犯错误，犯错误并不可怕，只要真心道歉，就能得到别人的原谅，在以后的日子里，孩子犯了错误，也会主动地承认错误。

事实上，做错事后向孩子道歉，就等于在教孩子相信他自己的洞察力。如果妈妈一味地批评孩子、辱骂孩子，孩子就会形成一种对生活本质和对世界的负面看法。

在教育孩子的过程中，妈妈要注意以下几个点：

1. 当孩子与自己意见相左时，鼓励孩子表达自己的想法。

2. 发现自己处理问题过当时，要真心诚意地向孩子道歉。

3. 如果对孩子的表现很不满，直接对他讲出来，要比用隐讳的方式好。

每个妈妈身上都蕴含着改变孩子命运的神奇力量。当你自己从内疚、自责和愤怒中解脱出来的时候，你也解救了你的孩子；当你终止了旧的家庭模式给你的束缚时，就等于给你自己和孩子一份厚礼。他会记住自己的妈妈是如何勇敢地对待自身的缺点，这种勇气与坦率会鼓励孩子做终身的探索与自我培养，而不至于迷失方向。

妈妈做错了事情，要勇敢地向孩子道歉。这不仅不会有损妈妈的威信和尊严，反而会让孩子学会做人的准则。只有当孩子由衷地感到妈妈是言行一致的人时，才会产生对妈妈的敬佩之心，妈妈的教育也才会真正起到应有的作用。

哄骗起不了教育的作用

“儿子，这回考试你好好考，要是能考进前10名，妈妈给你买变形金刚模型。”上个月初，家长赵女士对上二年级的儿子许诺。月考成绩公布后，儿子考了第7名，于是高兴地要求妈妈带他去买变形金刚模型，但是赵女士却因为怕孩子只顾玩而影响学习不同意买了。孩子对妈妈这种失信行为很气愤，大吵大闹一番之后好几天都不和她说话，后来即使说话了，对她所说的话通常也是无动于衷。

美国著名心理学家大卫·艾尔金德认为：要想让孩子有教养，守道德，父母首先必须是一个品德高尚的人。俗话说，其身正，不令而行；其身不正，虽令不从。可见，妈妈的示范作用很关键，妈妈的承诺很随意，然后又不兑现，久而久之，妈妈在孩子心目中就没有了威信。所以，要想在孩子心中树立威信，就要对孩子做到言而有信，答应孩子的事情就一定要做到，而不能失信于孩子之后又摆出一副妈妈式的做派，认为这只是一件不值得一提的小事。要知道，在教育孩子的过程中，没有任何一件事是小事。

记得有一次，妈妈对我说要是我期中考试能考进前5名，“十一”放假时就带我去大连玩。我努力地去学习，期中考试考了第2名。可“十一”到了，妈妈却说节假日出门人太多，不如在家看书。我想不通为什么大人说变就变呢？

一位小学五年级女生把自己的不满发到了网上，引起了很多妈妈的议论，有位妈妈说道：“在教育孩子的过程中，对我们大人也是一个无形的督促，有时为了打发孩子，也曾有过想随便找一个借口的时候，希望能蒙混过关，可是儿子不依不饶地跟我说：‘你还是妈妈呢，竟然说话不算话。’说得我很汗颜。所以最好的办法就是从自身做起，注意言传身教，不让孩子挑出毛病。这样教育起孩子来，不仅省去了不少口舌，还培养了孩子诚信的美德。”

所以，妈妈对孩子一定要言而有信，这是培养孩子诚信品格的基础。欺瞒哄骗，是达不到任何教育效果的。

“诚信”两个字几乎包含了所有与别人交往时应具备的品

质，人与人之间相互交往的基本道德体系。一个人抛弃诚信的同时，他也就被社会抛弃了，他将被置于一个孤立无援的境地，而且他终将一事无成。诚信是一个人最起码的品德，一个人只有做到诚信才能在社会上立足，才能取得别人的信任。所以，每个人都应该具有诚信的品质。孩子的诚信品质在很大程度上取决于妈妈的教育。

有些妈妈为了让孩子高兴或是诱导孩子做某件事，常常随便答应孩子的要求，轻易地许诺孩子某些条件，说完后又忘记，这样会在无意中伤害孩子。这时，孩子受到这种不守信行为的暗示，就会跟着模仿。那么，孩子的诚信品质就很难培养了。

家庭教育中的诚信教育很重要，会对孩子的一生有影响，因此，妈妈在教育孩子的过程中，一定要遵守诚信的原则，这既是表达对孩子的尊重，也是一种妈妈责任感的体现。具体来说，妈妈在要求孩子诚实的同时，自己首先要做一个诚实、守信的人，对孩子言而有信。人无信不立，对孩子也是一样。所以，在平时生活中，妈妈一定要对孩子说话算数，也就是对孩子承诺的事情就必须把它办好，要把说话算数当成内心深处强烈的责任感。妈妈履行诺言，既能保护孩子的自尊心，也能维护作为妈妈在孩子心目中的威信，同时又教育孩子学会诚信。

因此，但凡答应孩子的事情，妈妈无论如何要做到，不能诸般推诿寻找借口，更不能在失信过后孩子抱怨时给孩子一通责骂，否则招致的后果会很可怕。再有，妈妈一定不要给孩子签空头支票，做不到的事情就不要答应孩子，如果承诺之后因为某种原因而导致承诺无法兑现的话，要及时向孩子说明原因，真诚地向孩子道歉求得孩子的原谅，并且和孩子讨论出一套代替方案或尽快弥补他。只有这样，妈妈才能取信于孩子，才能做好诚实守信的典范，才能起到好的教育作用。

唠叨不会起到正面作用

小军家的早晨永远是这样的景象：

早晨6点，妈妈准时起床，一边收拾房间，一边为小军准备早餐。6:30，牛奶、鸡蛋、面包准时端上桌，然后妈妈就开始一遍一遍地叫小军起床。不知妈妈叫了多少遍，快7:00了，小军才懒洋洋地起来，胡乱地刷刷牙，洗两把脸，然后坐到饭桌前用最快的速度对付着早餐。

这时，妈妈在为他叠被子，收拾零乱的衣服、物品，嘴里还不停地唠叨着："看看你，老是把房间弄得乱七八糟，让人跟在你屁股后面收拾。每天让你起床都得喊破嗓子才动，早饭都凉了吧？总吃凉饭，还这么狼吞虎咽的，胃要坏的，天天跟你说也没用。要是妈妈一叫你就起来，不就不用这么紧张，也不会老是迟到挨批评了……"

此时，小军只顾把吃的、喝的填进肚子，对妈妈的话充耳不闻，吃了几口，一看时间来不及了，用手背抹抹嘴，抓起妈妈早已放到客厅沙发上的书包，转身就往外走。妈妈追在小军的身后喊着："着什么急呀，就吃这么几口，一上午的课呢，会饿的。上学的东西都带齐了吗？不要又落下了什么，每天都得让人提醒……"

这样的情形，恐怕在很多家庭都上演过。妈妈担心孩子丢三落四，担心他上课不认真听讲，担心他写作业注意力不集中……于是，妈妈一遍遍地提醒孩子，但事与愿违，孩子总是将妈妈的提醒当成耳旁风。妈妈们可曾想过，正是自己过多的唠叨让孩子的耳朵起了茧子，对大人的话开始产生免疫力。

心理学研究表明：老调重弹，反反复复说同样的话，会让人产生一种习惯性的模糊听觉，也就是明明在听，却根本不往心里去。这是长期重复听同样的声音而产生的一种心理上的不在乎。所以，妈妈们不要老是怪孩子把自己的话当成耳旁风，你们也该静下心来想想，自己是否真的太唠叨了。

虽然妈妈有责任对子女的不当言行及思想进行批评教育，但是一定要注意形式。不要没完没了地唠叨，实际上，唠叨不但不会起到正面作用，反而会产生很多负面影响：重复性唠叨只会让孩子心烦，同时对妈妈的唠叨产生依赖感，慢慢地，妈妈不唠叨，孩子的事情就做不好；批评性唠叨容易加重孩子的心理负担，让孩子越来越缺乏信心，甚至产生强烈的逆反心理；随意性唠叨容易让孩子养成注意力不集中的习惯，孩子对需要记住的重要事情也常常当成耳旁风。

那么，妈妈该怎样做才能避免对孩子唠叨呢？

1. 不要信口开河

在每次对孩子讲话前要经过一番理智过滤，不能信口开河。比如说，规定孩子做好作业再吃饭，但有的妈妈怕孩子饿肚子，在孩子做作业的时候过去问他："你饿不饿？快做作业，饭都凉了。你还想不想吃饭？"

2. 要给孩子选择的自主权

不要过分限制孩子的自由，或是总替孩子做决定，应该给孩子自由选择的空间，不应该给孩子下达硬性指令，然后靠不停的唠叨来督促孩子，这样做的效果往往并不好。

例如，想让孩子收拾自己的房间，对孩子说："晚饭前必须把你的猪窝收拾干净！"这样的硬性指令，孩子多半是不会听的，而妈妈看到孩子不听自己的话，就会不断地反复催促，结果可想而知。但是如果换一种说法："孩子，如果晚饭前你有空，就把你的房间收拾一下吧。"这样的说法，就能给孩子以喘息的空间，不会让孩子反感，多半会达到预期的效果。孩子自觉自愿做的事情，积极性和兴趣都会很高，根本不需要妈妈的催促和提醒。

3. 不要事事叮嘱，叮嘱时要有明确的目标

很多妈妈对孩子讲的话虽然多，但有许多话都没有讲到点子上。事无巨细，都反复强调叮嘱，搞得全家不得安宁，大人为孩子不听话而气愤，孩子在繁杂的环境里静不下心来做功课。所以，妈妈要对孩子的学习、生活进行一些管理、指导，在对孩子有要求时，要尽量用简洁的、孩子听得懂的语言，把事情的前因后果讲清楚，并提出具体的建议、指导，让孩子真正明白妈妈的意思，并允许孩子对此提出自己的意见和想法，然后再去做。

4. 别只盯着孩子的缺点

很多妈妈，眼里只看到孩子的缺点，总是翻来覆去地说，却绝口不提孩子的进步。其实，绝大多数孩子已能分辨是非善恶，只是缺少改正缺点的自觉性和毅力。如果此时还有人在旁边喋喋不休地数落自己的缺点，反复教训自己，“我讲话你就是不听”“怎么说你才能改呢”这样的态度，孩子会视为不信任，甚至产生逆反心理。

5. 对孩子进行指导，而不是唠叨

指导不同于唠叨，唠叨往往含有责怪、批评的味道，是一种反复的、单调的刺激；而指导是亲切的、言简意赅的，它能启发孩子独立思考，帮助他们处理问题，使孩子情绪稳定、心情舒畅。聪明的妈妈从不规定孩子应该做什么，不应该做什么，而是放手让孩子去做。如果没有做好，也会耐心地帮他分析原因，鼓励他不要灰心，尽力而为。

坦然接受孩子的爱，给孩子表现爱的机会

一个女孩正在家里写作业，妈妈下班回来了。刚刚在学校接受过爱的教育的孩子马上倒了一杯茶水，递到妈妈面前：“妈妈，请喝茶！”谁知，妈妈冷冰冰地回答说：“去，去，去，写作业去！竟然趁机跑出来玩儿！谁用你倒茶，多考个100分比什么都强！”

看到这个案例，让我们不由得替这位妈妈惋惜，因为她在

辜负孩子一片爱心的同时，又把孩子的爱心捏得粉碎。

在孩子的世界里，爱是最可贵的，也是建立信任的基础。大家都知道孩子需要妈妈的爱，但却有些人常常忽视了孩子也需要向妈妈表达爱。所以，妈妈要学着接受孩子对爱的表达。

嘉良上幼儿园中班的时候，有一次周日妈妈突然发起了高烧，家里只剩下妈妈和嘉良。嘉良先是从抽屉里翻出了退热贴，跑到妈妈身边，仔细地把退热贴贴到了妈妈的脑门上，然后又跑去厨房倒了一杯温开水给她。等爸爸回来之后，小家伙又急忙接过爸爸手里的药，打开后把白色的药片放到了妈妈的嘴里，说道："妈妈，你生病了，让我来照顾你！"

儿子所做的这一切，让妈妈当时有种受宠若惊的感觉，她欣然接受了孩子的好意，孩子也因为可以向妈妈表达爱而感到心满意足。孩子和妈妈之间，不仅仅需要单向的母爱的传递，还需要爱的双向接力。

孩子们的爱，常常表现在细微之处，而且是直截了当的。它或许不像拿到满分、拿到奖状那样现实，但却是人生路上的丰碑，是妈妈辛苦付出后得到的最殷实的收获。尽管孩子的爱心在大人眼里显得有些幼稚可爱，但它是多么珍贵呀！

有个6岁的小女孩，有一天从外面气喘吁吁地跑回家，兴奋地冲着妈妈举起一枚银色的小金属片。女孩的妈妈很奇怪，问她这是什么？小女孩说，这是跟邻居小朋友借来的"银子"，是给妈妈打戒指用的，因为妈妈总是不舍得打扮自己，所以她要给妈妈添一件首饰。

遗憾的是，有些妈妈只知道为孩子奉献爱，对孩子给予自己的爱却视而不见，她们所在乎的仅仅是孩子考试的分数。这些急功近利的妈妈，常常无意中淡漠了孩子的爱心。有的孩子心灵的世界由爱变成恨，由荒芜变成沙漠，而妈妈却全然不知，直到孩子变得心灰意冷，玩世不恭，不再关心别人，也不懂得爱别人时，妈妈才开始埋怨孩子为什么如此冷漠。很多妈妈总是埋怨现在的孩子冷漠，可是仔细想想，你有没有给孩子表现爱的机会呢?

真正爱孩子的妈妈，不妨在孩子面前表现得温和一点儿，给孩子一点儿表达爱的机会。因为，对于孩子来说，给予别人爱，别人能理解、能接受、能感悟到，比接受成人的爱更快乐。

孩子的爱心是稚嫩的，你在乎它，它就会长大；你忽视它，它就会枯萎；你打击它，它就会死去。如果你想拥有一个爱你的孩子，你一定要在乎孩子的爱心并精心呵护、培育孩子的爱心，让它顺利成长。

近邻有着不可忽视的影响力

孟子是我国古代伟大的思想家、政治家和教育家。他幼年丧父，从小是由母亲一手抚养大的。孟母是一个有知识、有教养、很能干的女人。她为了抚养儿子，替人家洗衣服，纺线织布，省吃俭用，任劳任怨，一心想把孟子培养成人。

开始，孟子的家距离墓地很近，他常和邻居的孩子们一起到墓地里去看热闹，也许是看得太多了，他也和小朋友经常玩给死人送葬一类的游戏。孟母知道这些事以后，觉得这种环境对孩子成长没有好处。于是，第二天，孟母收拾好家里的东西就搬家了。

他们母子二人搬到一个闹市附近住下来。这个市场人来车往，每天从早到晚叫卖声、吵嚷声不绝于耳。时间一长，孟子又学起那些小商小贩的吆喝声来了，孟母觉得这种环境也不利于孩子成长，便再次搬家。

这回，他们搬到一个学堂附近住下来，那些来学堂读书的人个个斯文讲礼貌，见面时或作揖或鞠躬。日子长了，孟子就照着那些读书人的样子拿书来读，和人见面时也仿照那些读书人行礼作揖，变得非常懂事有礼貌。孟母看在眼里，喜在心头，觉得这个地方对孟子的成长大有帮助，于是就一直住下来。

后来，孟子博览群书，勤奋苦读，成为志向远大的学者，名扬四方。

孟母懂得孩子在成长过程中，会潜移默化地受到周围环境的影响。因此，她三次搬家，为的是让孩子在一个良好的环境下生活和学习。

按现在的话来说，其实她是运用了心理学上的邻里效应。所谓邻里效应，是指一个人的性格、品性会不自觉地被周围的环境感染和影响。

即使在高度发展的今天，人们仍然情不自禁地受到邻里的感染。就算对一个头脑冷静、自制力强的人来说，在自我控制的注意有所分散、自我控制的意志有所放松时，也可能被周围环境所感染。

在大多数情况下，邻里效应最直接的作用就是整合邻近空间的人群，使人们之间的情感、行动趋向一致。但是邻里效应的产生是有一定条件的：相互影响的两方在社会地位、情感、态度、性格、价值观等方面有一定的相似点。比如，两个成绩相差悬殊的邻居小孩，因为在彼此身上发现了一些共同点（有共同的兴趣爱好，有共同的判断是非标准等）而互相吸引，相互感染。而两个脾气不和，没有共同点的邻居小孩很难产生近邻效应。

妈妈们要学孟母，观察周围环境对孩子的影响。在这个过程中，要善于强化良性邻里效应，鼓励孩子多结交一些好朋友，多和那些积极向上、品行良好、知识渊博的孩子来往，多去那些好邻居家串门，多接受周围环境的良性影响。

同时妈妈们也要注意防止恶性邻里效应对孩子的影响，当孩子和一些有不良问题的同伴接触时，应该注意观察孩子对对方恶行的态度，如果孩子持反对态度，那就不要对孩子多做教导，他自己有正确的认识，妈妈的多余叮嘱反而会造成孩子的不耐烦和逆反心理，也许会弄巧成拙地诱导孩子学习不良行为，以此挑战妈妈的絮絮叨叨。

而当孩子对不良同伴的行为持赞成甚至崇拜心理时，妈妈就该多下功夫了。既要给孩子灌输正确的价值观，又不能直接批评孩子欣赏的朋友，以防伤害孩子的感情，引起孩子对妈妈的反感。

虽然说妈妈要帮助孩子避免受不良环境的影响，但并不是说妈妈要对孩子交友进行全权控制，如果剥夺了孩子的交友自主性，很可能激发孩子的叛逆，致使他们更容易受不良环境的影响。其实，大多数孩子有自己的认识和原则，他在生活学习中已经知道什么是好的，什么是不好的，让他自己进行判断，不仅仅对孩子是种尊重，而且可以锻炼孩子的鉴别能力，这样也是从根本上消除孩子受恶性环境影响的可能性，因为妈妈不可能万无一失地控制孩子身边的环境，也不能做孩子周边环境一辈子的清道夫。

孩子会因为妈妈的不良状态而早熟

林静今年35岁，一家6口人生活在一起，她与老公育有一儿一女。两个孩子一个上初二，一个上小学五年级，他们两个都很懂事，经常帮着爸爸妈妈做饭、做家务，以减轻家庭负担。林静还有年迈的双亲。其父患有心脏病，经常进出医院，而母亲患有高血压与糖尿病，也是常年吃药。她的老公39岁，在一家公司做职员，为了工作和照顾家庭，每天都很忙，常休息不够，患上了慢性焦虑症。

林静为了照顾年老的双亲和教育年幼的孩子，精神压力过大，工作时间长，早出晚归，导致身心过度疲劳，晚上总是失眠，头发脱落，年纪轻轻就长了很多白发。这样长年累月的过度劳累，使她经常感到腰酸背痛、眼睛疲劳，同时出现消化不良、记忆衰退、头晕、胸闷、脸色苍白的症状。虽然只有35岁，但看起来却像50多岁的人。

两个孩子看在眼里，痛在心里，他们虽然每天很用心地学习，很努力地做些家务，可是当看到妈妈因为家里沉重的负担，变成"老奶奶"时，心里很不是滋味。更可恶的是，有些邻居小孩直接喊他们妈妈"老奶奶"，他们听后难过极了。

后来，林静在医生的指导下，尝试放松，保证自己充足的休息，减少工作量，调整心态，定时运动，使身心能愉快地承载工作负荷。她每次感到压力很大时，都会告诉自己："我有这么可爱、懂事的两个孩子，他们帮了我很多忙，我真幸福！"每次想到这里，她倍感欣慰。就这样，半年以后，她的身心得到调节，又变回了年轻的妈妈。

两个孩子看到妈妈又变回来了，他们的心情也轻松不少。

林静因为压力大、心情不佳，导致身体也出现了一些症状。当她心情变好、压力减轻时，这些身体症状也随之减轻了。两个孩子看到妈妈又恢复了从前的样子，自然情绪也轻松不少。

恐怕我们每个人都遇到过和林静类似的情况，就是心情不好的时候，身体也容易出毛病。比如，由于上火、烦躁，脸上起痘；大考之前，偶尔会腹泻；遇到巨大灾难，会大病一场，等等。

为什么心情会影响人的健康呢？这是因为人的生理、生化过程是物质活动，心理活动是非物质活动，这两者之间相互影响制约。身体疾患可以影响人们的心理活动，而强烈或持久的心理刺激，也会导致人的体质下降，甚至发生心理或心身疾病，如抑郁症、神经症、焦虑症、恐惧症、强迫症，以及由心理因素引起的身体疾病，如哮喘、冠心病、胃溃疡等。

情绪一方面可以导致人们身心出现一些疾病，但另一方面，它也是可以治病的。据研究，好的情绪可以使生理机能健康运行，在一些身心疾病患者中约有一半的人可以不用药物，而通过改善自身情绪来调节身体机能获得痊愈。因此，当我们出现一些身心疾病的时候，我们不仅要检查身体机能，还要从情绪方面进行审视，将致病的恶劣情绪消除在萌芽状态。这不仅是对自己负责，也是对孩子们的身心健康负责。试想，一个药罐子妈妈，怎么可能使孩子身心轻松地投入学习中？怎么可能使他们心无挂念地去玩耍？这势必造就早熟的孩子。而早熟并不符合孩子心理健康成长的规律。

请不要让孩子们在本不应该负重的年龄背负过多的家庭负担，为了孩子的健康成长，妈妈也应该好好爱惜自己的身体，积极面对生活的压力与不幸，做最快乐的妈妈。

有身心症状的妈妈，不妨让音乐代替那些无休无止的肥皂剧。音乐在一定程度上能起到治愈疾病、舒缓情绪的作用，也能帮那些沉迷于电视的孩子摆脱电视的诱惑。同时音乐也非常有益于儿童的智力发展和心理健康。

但在选择所听的音乐时要注意：那些快节奏、高音调的音乐会导致人紧张不安，而慢的低音调会给人带来安详宁静的感觉，使人轻松舒畅。

因此，如果你喜欢听音乐的话，不妨根据你的心情调配一些适合当时心境的音乐。此外，给有身心疾病的患者提供几首乐曲，对症下药即可。

高血压患者：贝多芬的《第八号钢琴奏鸣曲》。

肠胃功能失调患者：巴赫的《D小调双小提琴协奏曲》。

抑郁症患者：莫扎特的《剧场管理人》。

神经衰弱症患者：肖邦的《夜曲》。

此外，无论是你自己听音乐，还是和孩子一起听音乐，最好不要戴耳机，选择那些纯净、清晰、自然的纯音乐。

妈妈的孤独情绪严重，孩子易得孤独症

五年前，白莉和丈夫离婚了，她悲痛欲绝，她恨丈夫的背信弃义。自那以后，她便陷入了孤独与痛苦之中。

她为了女儿考虑，没有再婚。但她经常觉得很孤独。本来以为时间长了，这些伤痛和孤独会慢慢减缓消失，她也会开始新的生活。可事实并不是这样，白莉对婚姻绝望了，她不相信自己还会有什么幸福的日子。她唯一的愿望就是抚养女儿，以后希望女儿嫁个好人，过幸福的生活。

就这样，几年过去了，白莉始终没有从那场失败的婚姻中走出来，她还是单身，和女儿一起生活。

但近几年，女儿的变化很大，妈妈离婚的时候，她正上初

三，那次痛苦的经历是可怕的阴影，始终笼罩着她的世界。她有着很强的自我防御心理，她总觉得世界上没有好男人，她比妈妈感受到的孤独更大，她从来没有感受过生活的快乐与幸福，她有时觉得全世界都在孤立她、抛弃她。

其实妈妈离异，最受伤害的是孩子。而按照孩子的年龄段来说，上初中的孩子是最容易受到伤害的。他们在以后的日子里，往往变得性格怪异、偏执、孤独、内向甚至仇视妈妈，仇视他人。案例中，母亲的孤独情绪较为严重，而孩子也有明显的孤独症倾向。

孤独其实是人的自然本性，人既需要集体生活的欢娱，又需要偶尔的独处。但孤独也有个度，过犹不及。有些人性格孤僻，不愿意和人交往，有时还会封闭自己，逃避社会。这种孤独便超过了度，心理学上把这种心理称为孤独心理。由这种心理产生的与世隔绝、孤单寂寞的情感体验，就叫作孤独感。这种过度的孤独是一种消极的情绪。

一般情况下，这种消极情绪的诱因有四种：一是由于自傲，认为别人都是低微平庸的，如果与这些人交往，自己就会没有面子，久而久之，人们自然会远离这种孤芳自赏的人；二是由于自卑，觉得自己不如别人，认为别人会因为自己的某些短处或缺陷而看不起自己，因此筑起围城自我封闭；三是由于愤世嫉俗，这种人处处追求完美，在他们心中，有个理想世界，而这种理想世界又与别人的现实世界格格不入，从而使得与他人缺少共同语言，内心孤独；四是曾经受到过伤害，正如案例中的白莉母女，在受到婚姻失败伤害后，惧怕了伤害，从而在感情的世界筑起一道围墙来保护自己。

其实孤独归根结底是当事人找到某种理由或借口将自己封闭起来，作茧自缚。人都是社会动物，孤独虽然是人的本性，但是人不是天生就渴求孤独的，他需要在与人交往中找到自我和快乐，而患有孤独症的人，大都因为受到别人影响或伤害而强迫自己孤独过度，以防再次受伤，尤其是不谙世事的孩子。他们没有形成成熟的人格，没有力量来应对外来的压力和伤害，没有能力来抵挡身边人的消极影响，所以，他们更容易陷入孤独中。

孤独虽然由多种原因引起，但是在治疗上却可以交叉运用几个药方，妈妈和孩子都适用以下几个小药方：

处方一：感到孤独时，不妨给远方的朋友打个电话，或者约上三五好友吃顿饭，你亲自下厨，烹制几道香喷喷的佳肴，大家开怀畅饮，自在谈心。

处方二：忘记自己，多为别人想想，要做一个雪中送炭的人。

处方三：享受孤独提供的闲暇时光。生活中有许多活动都充满了乐趣，而孤独使你能够充分领略它的美妙之处。

处方四：在感觉孤独的时候，做自己最想做的事情。人一旦充实起来极少会感到孤独。

处方五：忘记伤痛。忘记爱情的最好办法是开始一段新的爱情，而忘记过去的最好办法是开始一段新的旅程。对于离婚的家庭来说，妈妈与其和孩子一起沉浸于过去的伤痛中，不妨彼此重新开始新的生活。

帮助孩子排解孤独的重任首先落在妈妈身上，而妈妈不能比孩子还孤独，要知道，你的孤独会加深孩子的孤独，孩子等待的是妈妈的救赎而不是“增负”！

不追求完美的妈妈是最受欢迎的妈妈

有一只木车轮因为被砍下一角而伤心郁闷，它下决心要寻找一块合适的木片重新使自己完整起来，于是离开家开始了长途跋涉。不完整的车轮走得很慢，一路上，阳光柔和，它认识了各种美丽的花朵，并与草叶间的小虫攀谈；当然也看到了许多木片，但都不太合适。终于有一天，车轮发现了一块大小形状都非常合适的木片，于是马上将自己修补得完好如初。可是欣喜若狂的轮子忽然发现，自己眼前的世界变了，自己跑得那么快，根本看不清花儿美丽的笑脸，也听不到小虫善意的鸣叫。车轮停下来想了想，又把木片留在了路边，自个儿走了。

有时，失也是得，得即是失。当我们有所失落的时候，生活才更加完整。从这个故事我们也可以体会到，许多苦恼的根源来自我们追求完美的性格，子女教育的失败也源于此。

现在的独生子女越来越多，独生子女就意味着100%的成功或失败。这使得许多家长心态改变很大，不能再以平常心养育子女。他们不能接受孩子失败，特别是孩子的妈妈，由于受到攀比心理的影响，希望自己的什么都是最好的，都是完美的。她接受不了孩子的任何失败和闪失。

其实，孩子在成长过程中遇到失败并不是一件坏事，要多想想失败带来的好处。以生产汽车、摩托车而闻名于世的本田公司的创办人本田宗一郎上小学时，在班里是后进生。无论让他做什么，总是失败，学习成绩也不理想。然而，对这段经历，本田先生本人是这样认为的："正是因为当时的失败，才培养了我能进行独立思考，具有灵活性和创造性的大脑。"他说："从别人那里学到的东西与自己经过深思苦想得来的东西相比较，其价值和应用的广泛性是大不一样的。"

另外，具有完美性格的母亲在潜意识中深深地浸透着一种无法驱除的望子成龙情结，她对孩子有一种超值期待。从生下孩子的那天起，妈妈就希望孩子是个天才，当孩子想做某件事情时，过高期待良好结果的她便会在事前经常对孩子说"弄错了可不行""别弄错了"。事实上，这样做不但没有起到鼓励的作用，反而给孩子增加了心理压力，让他们也对自己产生过高的期望，就这样，无形当中妈妈和孩子一起陷入了完美的误区。日久天长，孩子也会染上完美主义的特质，会严重影响孩子健康成长。

妈妈在教育孩子的过程中，一旦将其不健全的完美性格特质传给孩子，就意味着向孩子开启了一扇痛苦之门，带有完美主义特质的孩子，心里一定住着一位严厉的批评家，这个批评家时刻在提醒他："失败是你自己的责任！"这让孩子的心灵备受折磨，甚至产生焦虑，不少完美型的孩子最难受的不是考试前和考试中，而是考试后的复查。这种类型的孩子记忆力普遍高于其他类型的孩子，自己做过的每道题是什么答案可以记个大概。于是估分的时候一旦发现很简单的题被自己做错了就捶胸顿足地说：“怎么又少了一分！”“我真笨，这么简单的题也做错！”这种懊悔的情绪一直保持到考试成绩出来后很久才会散去。

受其家庭的影响养成完美特质的孩子，也极容易把别人的错误拿过来折磨和惩罚自己。

小颖正在备战钢琴九级的考试，妈妈的朋友是这方面的专家，于是妈妈就把女儿送去朋友家请朋友指导。结果下午小颖闷闷不乐地回来了，问其原因，说：“老师不喜欢我。”

原来，那天接受指导的孩子很多，老师便让基础较好的小颖自己练习，偶尔给点意见。结果小颖看老师光顾着指导其他孩子，便认为是自己的水平不过关，把别人的错误引申为是自己不够好、不完美，从而陷入不必要的自我反省和自我否定中去。

完美的性格特质无端给孩子的成长增添了很多灰暗的色彩，给他们的成长经历增添了不必要的苦恼。所以为了孩子的健康成长，妈妈要时常回头看看自己的言行，检验一下自己是否把完美的追求潜移默化地传给了孩子。一旦发现孩子有完美的倾向，要及时地给予疏导，避免孩子陷入完美的误区而不能自拔。只有妈妈及时取掉性格中完美的短板，孩子才会在一种正常的教养下，快乐地成长。

妈妈回答不出孩子的问题，切忌不懂装懂

孩子对新事物的好奇心十分强烈，尤其快到入学的年纪时，孩子会变成“十万个为什么”，遇到任何事情都喜欢问为什么。“为什么有的豆子是青色的，有的却是黄色的?”“为什么我早上刷牙在吃饭前，晚上刷牙在吃饭后?”“为什么妈妈穿裙子，爸爸从来不穿?”“为什么别人在看漫画，我却要在家里画画?”……妈妈一般都会不胜其烦，就算有耐心的妈妈，也未必有能力一一解答孩子的问题。当孩子提出你也不知道的问题时，怎么办?

我们总认为妈妈是神圣伟大的，如果在孩子面前暴露出无知，就会威严扫地，因此，即使妈妈不知道问题的答案，也会编出一套说法，或者说“你以后就会明白了”，敷衍了事。

妈妈这样的心理虽然可以理解，但是不提倡。其实，妈妈在孩子心中的威严并不完全建立在博闻多识这一条上，对事情的态度、对孩子的信任和尊重、在工作上取得的成绩、夫妻之间的评价都会影响孩子对妈妈的认识。如果妈妈在平时的生活中很积极，面对家庭困难也毫不气馁，对爸爸和孩子都呵护备至，常常得到邻居的称赞，那她在孩子心目中就会有很好的形象，即便遇到问题不会回答，孩子也不会因此改变对妈妈的崇拜。

另外，承认错误是一种勇气，承认自己的无知更需要勇气。当妈妈在孩子面前真实地说出自己也不知道的时候，孩子与你的距离会更近。让孩子明白世界上没有全知全能的人，即使是

成年人也有很多不明白的事情，这样可以避免孩子从小过于崇拜妈妈，长大后对妈妈失望。

当然，承认自己不知道还只是回答问题的第一步，如果只说一句“我也不知道”就走人了事，会让孩子感到失望。怎么办呢？当孩子的提问兴致在没有回答的情况下大减时，妈妈不妨说：“虽然我现在不知道答案，但是我知道在哪里可以找到答案。让我们去图书馆寻求答案吧！”听到妈妈的这番话，孩子会马上兴奋起来，想去图书馆探个究竟。

陪孩子发现问题、探讨问题，答案是什么并不是最重要的，关键是让孩子练习独立思考、判断的能力，学会运用资源解决问题，这样，他才能享受明白事理的喜悦。

美国科学教育学者罗维在11岁时，跟着科学班去参观普林斯顿大学，他在喷水池前碰到物理学家爱因斯坦。

爱因斯坦伸出手指上下晃动，有好几分钟，然后转过头来问罗维：“你能这样做吗？能看出一滴滴的水珠吗？”罗维模仿爱因斯坦，伸出手指上下晃动。忽然间，喷水池的水柱似乎凝住了，成为一滴滴的小水珠。两个人站在那儿好长时间，练习频闪观察术。爱因斯坦离开时说：“千万别忘记，科学只不过是跟这差不多的探索和乐趣。”

随后将近半个世纪，罗维致力于把爱因斯坦的这句话转告给全世界的大人和儿童：“儿童本来是天生的科学家，直觉渴望研究周围的世界，你不需要许多科学术语或昂贵的实验仪器，只要跟他们一起寻根究底就行了。”

妈妈总认为孩子什么都不懂，其实，孩子的心灵深处绝不是一片空白，尽可能地将你知道的道理用简单的话解释给孩子听，就能激发他心中的思维系统。当他有疑惑的时候，你可以告诉他："为什么不听听老师的说法？你尽量去理解，不用着急，以后会有很多机会学习的。"这绝不是逃避责任，而是在为孩子缓解无知的焦虑。

独立解决问题的能力是拉开人与人之间差距的重要指标，当孩子向你提出难以回答的问题时，不要回避或假装知道，尽管把真实的情况告诉他，让他学会独立解决问题，这样的他才能成长得更扎实、更健康。

不要用自己孩子的弱去比另一个孩子的强

晓岚的妈妈和佳佳的妈妈是朋友，两家人又是邻居，所以两个孩子从小就在一起玩，一起读书，一起上下课，形影不离，关系特别好。晓岚的成绩特别好，尤其是语文，她的作文总是全班第一，经常被老师当作范文念，而佳佳的语文却是班上倒数，她对写作文极其反感，妈妈总是抱怨佳佳的语文成绩差："天天和人家晓岚一起，怎么就一点儿都不向人家学习学习呢？和班里成绩最好的同学在一起，你不会觉得不好意思吗？"佳佳心里既不服气，又觉得有点难堪。和晓岚在一起，她越来越觉得自卑，总觉得大家在看她的笑话，背地里和妈妈一样在羞辱她，慢慢地，佳佳对晓岚开始疏远了，总是一个人闷闷不乐地上课下课，放学回家也不再找晓岚玩了……

妈妈喜欢将自己孩子的弱同其他孩子的强做比较，这是一种错误的教育方法，因为这极容易使孩子产生挫败感，不利于培养孩子的自信心。没有一个孩子愿意承认自己比别人差，他们希望得到成人的肯定，他们对自己的认识也往往来自成人的评价，而这种肯定式的评价对孩子自信心的培养是非常重要的。妈妈总是强调孩子比别人差会使孩子在潜意识中自我否定，当孩子遇到困难时就会恐慌、退缩，所以，妈妈不正确的做法会对孩子的心理造成伤害。

有一位专家曾经谈到过这样一个奇怪的现象：有一次，几十个中国孩子与外国孩子一起进行某项测验，并且把自己的分数拿回家给妈妈看，结果中国妈妈看了孩子的成绩之后，有80%表示不满意；而外国妈妈则有80%表示很满意。实际上，外国孩子的成绩还不如中国孩子的成绩好。后来这位专家说，中国妈妈总习惯用挑剔的眼光来看待孩子和周围的世界，而外国妈妈习惯用欣赏的眼光看待自己、孩子和世界。

妈妈将自己的孩子与别的孩子做比较，是想给孩子树立一个榜样，这样的家教模式在我国目前相当普遍，其实这是妈妈一种盲目的心态，一般来说，妈妈会有一些不正确的认知。

1. 不了解孩子的发展动力。在孩子的成长过程中，作用于孩子的心理有外驱力和内驱力两种，外驱力来自环境，内驱力来自孩子内心深处的需求。孩子在成长的过程中固然有自己的价值观和追求目标，然而外在的压力剥夺了孩子自身的能动性，使孩子无法为自己的人生做主。

2. 妈妈往往忽略了孩子成长过程中的个性因素。每个人都是独立的个体，和其他的人没有太多的可比性。

3. 妈妈通常不会意识到，不同的家庭教养方式一定会培养出不同的孩子。

也许是因为很多妈妈望子成龙的心太过迫切，她们似乎容忍不了孩子暂时的落后与普通的成绩，往往把自己急躁的心情压迫在孩子身上，但是这种做法常常适得其反。妈妈应该感觉到自己的孩子永远是最好的、最优秀的。学会多想想孩子的优点，感谢孩子给你的生活带来的幸福和快乐，不要总是想着孩子这也不好那也不好，如果总是抱怨，对孩子而言、对妈妈而言，生活又有什么乐趣呢？调整好自己的心态，少责骂批评孩子，多给予他们一些赏识与鼓励，他们才会有信心继续向前走，最终获得精彩的人生。

每个孩子都是自然界最伟大的奇迹，以前既没有像他们一样的人，以后也不会有。由此，我们要让孩子保持自己的本色！不论好坏，你都要鼓励孩子在生命的交响乐中演奏属于自己的乐章。这是最大化孩子潜能的重要通道，也是最大化孩子自信的源泉，更是孩子以后实现人生价值的必由之路。

任何一个孩子都是独立的个体，都有权利设计自己独特的人生。妈妈如果总是习惯拿自己的孩子和别人的孩子相比，不仅会让孩子失去自信心，还会导致他们长大以后对自己所做的决定没有足够的自信，甚至不能与人自信地沟通。所以，妈妈要学会欣赏孩子，不要拿自己孩子的不足与别人孩子的长处相比，让孩子做自己！

图书在版编目（CIP）数据

妈妈的情绪，决定孩子的未来 / 融智编著 . -- 长春 : 吉林文史出版社 , 2019.3（2023.6 重印）

ISBN 978-7-5472-5951-1

Ⅰ . ①妈… Ⅱ . ①融… Ⅲ . ①家庭教育 Ⅳ . ① G78

中国版本图书馆 CIP 数据核字 (2019) 第 027176 号

妈妈的情绪，决定孩子的未来

MAMA DE QINGXU , JUEDING HAIZI DE WEILAI

编　　著：融　智

责任编辑：孙建军　董　芳

出版发行：吉林文史出版社有限责任公司（长春市福祉大路 5788 号出版集团 A 座）
www.jlws.com.cn

印　　刷：三河市众誉天成印务有限公司

印　　次：2019 年 3 月第 1 版　2023 年 6 月第 10 次印刷

开　　本：145mm × 210mm　1/32

印　　张：8 印张

字　　数：165 千字

书　　号：ISBN 978-7-5472-5951-1

定　　价：36.00 元